Ruth Plato

Das 20-Minuten-Programm

Themenentwürfe für Andachten und Gesprächsrunden in Gemeindekreisen

BORN-VERLAG, KASSEL

Impressum:

Printed in Germany
Umschlag: Dieter Betz, Weissach
Fotos: S. 40 Gesa Herbst / S. 41, 43 Jo & Su Schutkowski / S. 42 Renate Ferrer
Satz: Fotosatz Rosengarten, Kassel
Druck: Druckhaus Köthen
ISBN 3-87092-169-2
Bestellnummer: 182.169

Einführung

Für viele Gelegenheiten werden thematische Andachten gebraucht, sei es in:

— einem Frauenkreis
— einem Gemeindenachmittag
— einem Hauskreis
— einer Vorstandssitzung
— einem Seniorenkreis
— einem Familienfest
— einer Synode.

Die Länge einer Andacht legt jeder dadurch fest, welche kreativen Elemente eingesetzt oder weggelassen werden. In jedem Beitrag findet man so viele Vorschläge, daß eine Auswahl für den jeweiligen Anlaß kein Problem ist.

Die Vorschläge dieser Reihe sind in verschiedenen Gemeindekreisen mehrfach erprobt. Sie sind auch als Gesprächsrunden gedacht, die immer zu einem biblischen Text hinführen. Dabei werden bewußt „Umwege" in Kauf genommen, z. B. kreative Annäherung, Spiele, Rätsel, Bildbetrachtungen, um das Thema vielseitig einzuleiten und Interesse zu wecken.

Damit jeder der Teilnehmerinnen und Teilnehmer etwas zur Gestaltung beitragen kann, beginnt man meist mit Begebenheiten aus dem täglichen Leben. Der Kreis wächst durch ein Gespräch zusammen; und wer selbst etwas beiträgt, macht sich die Sache eher zu eigen. Das trifft auch auf die „festlichen Stunden" zu, die stets jeden mit beteiligen sollten, damit es wirklich ein Fest aller wird.

Daß die Nachmittage oder Abende mit Liedern zwischendurch belebt werden und daß das Zusammensein mit Gebet schließt, ist nicht jedesmal erwähnt.

Gott segne alle Worte und Treffen, damit Menschen sich in seine Nachfolge rufen lassen.

Ruth Plato †

Inhaltsverzeichnis

Behandelte Bibelstellen

1. Durch dick und dünn

Psalm 23

Vorbemerkung:

Beim Zeichnen einer Lebenslinie werden Höhepunkte zu Gipfeln, wie z. B. Hochzeit, erstes Kind, bestandenes Examen o. ä. Man kann aber auch besondere Erfahrungen mit Gott als Höhepunkte kennzeichnen, z. B. Bekehrung, wunderbare Hilfe, Bewahrung usw. Wenn man nichts zu der Aufgabe sagt, kann beides kommen. Mitunter gibt es einige Überraschungen!

Die Psalmübertragung braucht genügend Zeit (mindestens eine Stunde), aber es macht meist große Freude. Der ganze Psalm muß nicht von allen übertragen werden, vielleicht nur einige Verse. Die Gruppen lesen sich gegenseitig ihre Übertragungen vor. Oft läßt sich dann später aus den vielen einzelnen Versen eine Übertragung zusammenfassen. Dabei sollte von jedem Vorschlag etwas verwendet werden.

Vorbereitung:

Für alle genügend Papier und Bleistifte.

Gespräch:

„Durch dick und dünn"
Bei diesem Thema stehen eine oder mehrere Lebenssituationen vor Augen, die man mit diesem Satz identifiziert. – Welche Bilder kommen da?

– Teilnehmer berichten
Z. B. eine Wanderung im Gänsemarsch durch Wiese und Sumpf; ein Berganstieg, steil, immer hinter einem Bergführer her; durch Gestrüpp querfeldein hintereinander herlaufen usw.

Aufgabe: Lebenslinien zeichnen

Die „Bilder" hängen fast ausschließlich mit einem Weg zusammen. Das Leben wird oft mit einem Weg verglichen. Wie seht ihr euren persönlichen Lebensweg bisher? Es gab sicher viele Höhepunkte, auch viele Täler usw. Versucht den eigenen Weg in einer Linie zu zeichnen. Die Geburt ist der Anfangspunkt und dann etwa drei bis fünf besondere Erlebnisse, die ins Auge fallen auf der Linie ...

Variante: Die Lebenslinie der letzten fünf Jahre zeichnen.

Wer möchte, kann seine Lebenslinie den anderen erläutern. Was braucht einer, wenn er auf dieser Lebenslinie „durch dick und dünn" mitgeht? Z. B. Mut, Kraft, Treue, Durchhaltevermögen, Ausdauer, Vertrauen usw.

Welche Voraussetzungen muß einer mitbringen, den man als Führer durch „dick und dünn" vorangehen läßt?

Z. B. Kenntnis des Weges, Zuverlässigkeit, Verantwortung, Übersicht, Ehrlichkeit, Zusammenhalt usw.

Bilder und Assoziationen zum Thema „Vertrauen"

Schreibt auf Tapete den Satz „Vertrauen ist wie..." und dann, was euch dazu einfällt, z. B.

Vertrauen ist wie

— ein dicker Holzpfahl im Wasser
— eine massive Steinbrücke über einem reißenden Gewässer
— im Dunkeln von einer Hand geführt werden
— ein Regenmantel bei Wolkenbruch
— eine Knospe im Frost
— ein Gewölbe, das mich umgibt
— eine Melodie, die mich beruhigt
— ein Kissen, das mich umgibt und mich auffängt
— ein Baum, der nicht umfällt
— Vaters Hand anfassen
— bei Wind und Wetter unter einem schützenden Dach
— die Landung nach einem turbulenten Flug
— am Ofen sitzen, Eisblumen am Fenster
— zwei Meter vor dem Ziel beim 50-km-Gehen

— sich geborgen fühlen im Dunkeln
— eine Felswand, an die ich mich anlehne
— ein sicheres Seil beim Emporklettern einer Bergwand
— ein Schwimmring, mit dem ein Kind im tiefen Wasser schwimmt
— ein Unterstand bei Gewitter
— ein Bauer, der Getreide aussät.

Biblischer Bezug:

Psalm 23: Der Herr ist mein Hirte...

Der Psalm zeichnet zwei Bilder: vom Hirten und vom Gastgeber.

Vers 1a
Ist Jesus „mein Hirte" oder erscheint er mir wie ein Aufseher? Ist er einer, dem man ohne Nachdenken durch „dick und dünn" folgen kann?

Vers 1 b
Mangelt mir wirklich nichts? – heute und zukünftig?

Vers 2
Fürsorge und Geborgenheit, das trifft die Sehnsucht der Menschen. Jesus nimmt den Gedanken auf in Johannes 10: „Ich bin der gute Hirte..." und auch in der Offenbarung 7,17: „Das Lamm wird sie weiden und leiten zu den Quellen des lebendigen Wassers...". Seine Weide ist keine harte Asphaltstraße, gefährlich und tödlich, sondern eine grüne Matte.

Vers 3
Wodurch hat Gott unterwegs erquickt? Die rechte Straße meint etwa „Straße der Gerechtigkeit", wobei „gerecht" in der Bibel das Verhältnis zwischen Personen oder auch Menschen und Gott bezeichnet. Gott hat das Versprechen der Treue und Erhaltung seines Volkes gegeben, deshalb kann es ihn loben und gehorchen. Darum hier auch der Zusatz „um seines Namens willen" = um seiner Zusage willen.

Vers 4
Auf jedem Weg gibt es Tunnel, aber sie sind begrenzt! Niemand muß darin verweilen, sondern durchgehen! Was ist jetzt gerade für

euch ein „dunkles Tal"? Da ist Nachfolge „durch dick und dünn" gefragt! Und das Vertrauen: Du bist bei mir, es kann ja gar nichts Böses passieren! Hier wird deutlich, daß Hirtenarbeit eine harte Sache war. Zur Ausrüstung eines Hirten gehörten Stecken und Stab, besser Stab und Keule, die vor allem zur Abwehr von wilden Tieren und Feinden gebraucht wurden, die der Herde nachstellten. Der Herr kann verteidigen, beschützen und handfeste Hilfe verschaffen (= trösten).

Vers 5
Hier beginnt das zweite Bild: vom Gastgeber. Und wieder ist von Fülle die Rede („bereitest einen Tisch"). Aber auch von Feinden spricht der Beter, die ihn bis hierher verfolgen. Die Salbung bezeichnet einen Menschen oder eine Sache, die Gott gehören sollte. Sie rüstete Menschen damit auch zugleich mit Gaben und Segen aus. Sie ist ein Zeichen der Freude und der Fülle. Gott macht keine halben Sachen (schenkt voll ein)!

Vers 6
Statt der Feinde wird Gottes Güte und Barmherzigkeit mich umgeben, einzige Voraussetzung: bleiben.

Kreativangebot:

Versucht, eine persönliche Übertragung zu formulieren. Vielleicht wagt ihr euch nur an ein oder zwei Verse, die euch besonders wichtig sind.

Der 23. Psalm

Beispiele von Übertragungen

aus Japan:
Der Herr gibt mir für meine Arbeit das Tempo an. Ich brauche nicht zu hetzen. Er gibt mir immer wieder einen Augenblick der Stille, der Atempause, in der ich zu mir kommen kann. Er stellt mir Bilder vor die Seele, die mich sammeln und mir Gelassenheit geben. Oft läßt er mir mühelos etwas gelingen, und es überrascht mich selbst, wie zuversichtlich ich sein kann. Ich merke: Wenn man sich diesem

Herrn anvertraut, bleibt das Herz ruhig. Obwohl ich viel zu viel Arbeit habe, brauche ich doch den Frieden nicht zu verlieren. Er ist in jeder Stunde da und in allen Dingen, und so verliert alles andere sein bedrohliches Gesicht.

Oft — mitten im Gedränge — gibt er mir ein Erlebnis, das mir Mut macht. Das ist, als ob mir einer eine Erfrischung reichte, und dann ist der Friede da und eine große Geborgenheit. Ich spüre, wie meine Kraft dabei wächst, wie ich ausgeglichen werde und mir mein Tagwerk gelingt. Darüber hinaus ist es einfach schön zu wissen, daß ich meinem Herrn auf der Spur und daß ich, jetzt und immer, bei ihm zu Hause bin.

von Indianern:

Der große Geist droben ist der Hirte aller Hirten. Ich bin sein, und mit ihm mangelt mir nichts. Er wirft mir ein Seil zu, und das Seil heißt Liebe. Er zieht mich sehr sanft dorthin, wo das Gras grün und das Wasser nicht gefährlich ist. Ich esse und lege mich gesättigt nieder. Oft ist mein Herz schwach und entfällt mir, aber er hebt es wieder empor und zieht mich auf eine gute Straße, denn sein Name ist wunderbar. Dereinst – es mag sehr bald sein, es mag später sein, vielleicht viel später – wird er mich in ein enges Tal ziehen, das zwischen den Bergen liegt. Es ist dunkel dort; aber ich werde nicht umkehren dort und werde mich auch nicht fürchten, denn dort zwischen jenen Bergen wird mir der große Hirte begegnen; und der Hunger, den ich in meinem Herzen das ganze Leben hindurch verspürte, wird gestillt werden. Oft macht er aus dem Seil eine Peitsche, aber hernach gibt er mir einen Stab, auf den ich mich stützen kann. Er bereitet vor mir einen Tisch mit mancherlei Speisen. Er legt seine Hand auf mein Haupt, und alle Müdigkeit ist dahin. Er füllt meinen Becher, bis er überläuft. Die Straßen, die vor mir liegen, werden mich durch dieses Leben führen; hernach werde ich hingehen, in dem großen Lager zu wohnen und mich niederzusetzen mit dem großen Hirten immerdar.

Gesprächskreis mit jüngeren Teilnehmern:

Der Herr ist für mich wie Vater und Mutter: Sie haben mich an die Hand genommen und liebevoll umsorgt. Sie haben mir meinen

Weg geebnet und – so gut sie konnten – leichtgemacht. Immer waren meine Eltern für mich da. Auch wenn ich etwas falsch gemacht habe, sie haben zu mir gehalten, selbst wenn alle und alles gegen mich sprach. So ist mein Herr und Heiland zu mir! Ich lobe ihn und danke ihm und vertraue ihm. Ich wünsche mir nur eines: daß ich bleiben darf bei ihm mein Leben lang und daß er mich einst zu sich nimmt in seine Herrlichkeit.

Gesprächskreis mit älteren Teilnehmern:

Wenn ich Christus habe, fehlt mir nichts! Er läßt mich nicht allein, er schickt mir Menschen, die mit mir den gleichen Weg gehen. Ich glaube, daß er mich immer richtig führt, auch wenn es mal nicht leicht ist. Wenn es schlimme Zeiten gab, habe ich mir Kraft aus dem Gebet geholt. Er gibt mir, was ich brauche, er sorgt für mich. Gute Gedanken und seine Barmherzigkeit mögen meine Tage begleiten – ich will bei ihm und in seinem Hause immer bleiben!

2. Hoffentlich „allround" versichert

Johannes 10, 27-30

Vorbereitung:

Für jeden Teilnehmer Papier und Bleistift.

Einleitung:

Es geschehen immer wieder Dinge, mit denen keiner gerechnet hat. Da ist das Bedürfnis sehr groß, sich zu „ver"-sichern. Das haben die vielen Versicherungen erkannt und daraus ein mehr oder weniger gutes Geschäft gemacht. Und sie überbieten sich mit Werbeslogans, die verlocken, z. B.

„Hoffentlich Allianz-versichert!"; „WWK – eine starke Gemeinschaft!"; „Bei uns liegen Sie erster Klasse!" (private Krankenversicherung); „Zuverlässig wie ein guter Partner – HDI"; oder andere.

Kreativangebot:

Werbeslogans für eine Christus-Versicherung erfinden!
(aufschreiben oder später vorlesen)

Biblischer Bezug:

Den Text unter dem Thema „Versicherung" betrachten.

1. Das versicherte Risiko

Wenn eine Versicherung abgeschlossen werden soll, dann muß man sich genau überlegen: Was soll überhaupt versichert werden? Was soll alles eingeschlossen sein? Was soll außen vor bleiben?

Was wird im Bibeltext versichert? Versichert sind die „Schafe Jesu". Wer ist damit gemeint? a) das Volk Israel, b) die ihm nachfolgen, c) die Gemeinde.

Ärgert euch der Vergleich mit den Schafen? Schafe stehen in der menschlichen Beliebtheitsliste nicht gerade obenan! Sie gelten als dumm, wehrlos, geduldig, hilflos... Spötter lächeln mitleidig: Ach, ihr Christen, ihr seid Schafe in den Augen eures Herrn. Irrtum! Jesus bezeichnet alle Menschen als seine Schafe. Er spricht von „anderen" Schafen, „verlorenen" Schafen und „meinen" Schafen. Vielleicht hätten es manche aber gerne wie ein kleiner Junge. Sein Vater erzählte ihm von dem guten Hirten und fügte hinzu, daß auch er ein Schäflein Jesu sei. Abends betete der Junge: „Lieber Gott, wenn du mich schon zu einem Tier machen willst, dann laß mich bitte dein Pferd sein." Verständlich, so ein Pferd ist doch eine ganz andere Sache! Ein Pferd stellt schließlich etwas dar! Man kann über den kleinen Jungen schmunzeln – aber sind wir Menschen so weit davon entfernt, wenn wir mitunter denken (sicher nur ganz leise): ‚Was bin ich doch für ein feiner Kerl. Wie hab' ich das doch wieder hingekriegt!'

2. Die Leistung des Versicherten, die Prämie

Klar, jede Leistung kostet Geld. Aber es ist wichtig, daß man die verschiedenen Anbieter miteinander vergleicht, sowohl in Leistung als auch bei den Kosten. Manchmal wird eine Versicherung billiger, wenn man gewisse Voraussetzungen schafft, z. B. wirkt sich der Einbau einer Alarmanlage kostenmindernd bei einer Hausratversicherung aus.

Die Leistung, die einer erbringen muß, wenn er in Gottes „Versicherung" eintritt, ist: Hören und Folgen! Für ein Schaf ist das nichts Besonderes. In Palästina, so wird erzählt, war es üblich, zur Nacht mehrere Herden zum Schutz in ein eingefriedetes Grundstück zu treiben. Wenn morgens die Hirten kamen, gaben sie nur bestimmte Laute von sich. Die Schafe hörten sie und folgten dem jeweiligen Hirten. Hören und Gehorsam (=folgen) sind Worte, die aus demselben Wortstamm kommen. Folgen sollte eine logische Folge des Hörens sein.

Wenn man einen Versicherungsvertrag abschließen will, gibt es meist große Fragebögen, die man wahrheitsgemäß und vollständig ausfüllen muß. Man darf nichts vergessen oder verschweigen (z. B. eine Vorerkrankung beim Abschluß einer privaten Krankenversicherung). Vor einiger Zeit gab es eine Fernsehsendung in der Reihe „Wie würden Sie entscheiden?": Es ging um einen Einbruch in ein Haus, bei dem sehr viele wertvolle Dingen gestohlen wurden, Teppiche, Schmuck, Silber, Pelze, Ölgemälde usw. Die Geschädigten stellten für die Versicherung eine Liste der abhanden gekommenen Gegenstände auf und warteten auf die Zahlung. Die Versicherung ließ sich mehr Zeit als erwartet, es ging ja auch um eine Summe von über einer Million Mark. Sie schickte einen Mitarbeiter zu den Leuten in die Wohnung, denn es war ihr zu Ohren gekommen, daß die Betroffenen hoch verschuldet waren. Bei diesem Besuch entdeckte der Vertreter zufällig eine Uhr, ein altes Erbstück. Sie war auf der „Vermißtenliste" angegeben. Diese Uhr war für längere Zeit in der Werkstatt gewesen, das hatten die Leute vergessen. Die Versicherung teilte daraufhin mit, daß sie nicht zur Zahlung verpflichtet sei, weil unwahre Angaben gemacht wurden. Es kam zur Gerichtsverhandlung. Die Geschädigten verloren den Prozeß, die Versicherung brauchte nichts zu zahlen, denn: Der Versicherer muß sich ausschließlich auf die Angabe des Versicherungsnehmers verlassen. Wenn die Geschädigten in einem Punkt die Unwahrheit sagen, sind alle anderen Angaben ebenfalls fragwürdig. Versicherungsbetrug ist leider ein weitverbreitetes Delikt. Die Leute hätten die Versicherung anrufen können, um zu veranlassen, daß die Uhr aus der Schadensaufstellung herausgenommen wird, weil sie sich wiedergefunden hatte.

Auch für den „Versicherungsvertrag" mit Jesus gilt: Ganz ehrlich sein, sich ihm völlig mit allen Schwächen und Problemen anvertrauen. Hören und Folgen sind einfach, wenn man weiß: Es ist mein Interesse, mein Vorteil, meine Sicherheit.

3. Die Leistung der Versicherung

Man muß auch das Kleingedruckte lesen! Rechte und Pflichten müssen klar beschrieben sein. In unserem Text werden die „Leistungen" Jesu aufgezählt:

a) „Ich kenne sie! Jesus weiß alles über seine Schafe. Ihr braucht nichts zu verstecken, ihr müßt nichts fürchten. Er weiß alles von euch.

b) „Ich gebe ihnen das ewige Leben!" Das ist mehr, als der Verstand begreifen kann. Das ist so ungeheuerlich und durch nichts zu überbieten! Ewiges Leben bedeutet Heimat, Ruhe, Fülle. An einer anderen Stelle heißt es: „Ich will sie auf die beste Weide führen" (Hes. 34,14). Merke: Nicht auf die schönste, blumenreichste, sonnigste – aber auf die beste.

c) „Sie werden nimmermehr umkommen!" Das müßte allen den Atem verschlagen! Was kann da noch passieren? Müßt ihr euch dann noch Sorgen machen um Zukunft, Krankheit, Einsamkeit? Das meint doch: Jesus hat alles im Griff. Er überblickt die Situation. Er schaut hinter die Kulissen. Er weiß um die Bosheit der Welt, um Gewalt und Machtgier – und trotzdem: „Sie werden nimmermehr umkommen!"

d) „Niemand wird euch aus meiner Hand reißen!" Einmal in Gottes Hand – immer in Gottes Hand! Niemand kann uns daraus wegreißen, keine Macht der Welt, nicht der Tod, nicht eure Sünde! Immer und überall hat Gott seine Hand im Spiel, es kann euch nichts geschehen.

Schluß:

Wenn man die „Leistungen des Versicherungsträgers" mit denen der „Versicherungsnehmer" vergleicht, dann ist die Leistung des ersteren ungleich größer. Hören und Folgen sind geradezu lächerlich im Blick auf das, was Gott bietet!

Wir leben in einer Zeit der Versicherungen, man kann sich nahezu gegen alles versichern: den Regen im Urlaub, den Mietausfall einer Wohnung, die schönen Beine (die eine Tänzerin zum Beruf braucht) usw. Gott bietet eine Versicherung über das Leben auf dieser Erde hinaus. Ja, sogar eine Doppelversicherung: „Niemand kann sie aus meiner Hand reißen, niemand kann sie aus meines Vaters Hand reißen!" Das ist einmalig! Es ist die großartigste Versicherung, die es gibt. Sie gibt die Chance, fröhlich und getrost durch dieses Leben zu gehen, denn in Gottes Hand sein, das heißt sicher sein!

Man könnte jetzt noch einmal die am Anfang entworfenen Werbeslogans für Christus überprüfen und ggf. verändern.

3. Das hab' ich glatt vergessen

Psalm 103,2-4

Vorbereitung:

Für das Spielangebot richten wir ein Tablett her mit etwa 12 bis 16 kleinen Gegenständen, z. B. Korken, Salzstreuer, Wäscheklammer, Sicherheitsnadel, Stempelkissen, kleines Spielzeug usw. Diese liegen übersichtlich auf dem Tablett und werden mit einem Tuch abgedeckt. Die Teilnehmer brauchen Papier und Bleistift.

Kreativangebot:

Das Tablett wird gut sichtbar in die Mitte gestellt. Etwa eine Minute lang darf jeder Teilnehmer/jede Teilnehmerin die Gegenstände sehen und sich einprägen. Dabei darf nicht gesprochen werden. Dann wird das Tablett wieder abgedeckt.

Jeder schreibt auf, welche Gegenstände er behalten hat.

Wer hat das beste Gedächtnis?
Im Lexikon steht Gedächtnis = Erinnerungsfähigkeit.

Gespräch:

Welche Vorstellungen verbinden sich mit dem Begriff „vergessen"?
Einsamkeit — Verlorenheit — Undankbarkeit — Desinteresse — Befreiung

Woran hängt sich das Gedächtnis fest, wenn es speichert oder vergißt?
Markante Erlebnisse bleiben im Gedächtnis,
— weil sie mit tiefgehenden Ereignissen einhergehen,
— weil sie dem Leben eine andere Richtung geben.

Was immer wieder geübt und wiederholt wird, hängt sich fest.
Vergessen wird, was einem unwichtig erscheint,
– weil man nicht gut hingehört hat,
– weil man sich ablenken läßt,
– weil man etwas für selbstverständlich hält,
– weil es nicht der Rede wert scheint.

Biblischer Bezug:

5. Mose 6,12: Hüte dich, daß du nicht den Herrn, deinen Gott vergißt
Psalm 42,10: Warum hast du mich vergessen? spricht der Herr
Jeremia 2,32: Mein Volk vergißt mich seit langer Zeit
Hosea 4,6: Du vergißt das Gesetz deines Gottes
Psalm 103,2: Vergiß nicht, was er dir Gutes getan hat
Jesaja 49,15: Ich will deiner nicht vergessen
Jesaja 44,29: Israel, ich vergesse dich nicht
Lukas 12,6: Dennoch ist vor Gott nicht einer von ihnen vergessen

Andacht:

Lobe den Herrn, meine Seele, und vergiß nicht, was er dir Gutes getan hat. Psalm 103, 2-4

Dieses Wort gehört zu den bekanntesten der Heiligen Schrift. Viele Kinder haben es als Konfirmationsspruch bekommen. Erinnerung ist wichtig, das Gedächtnis allerdings nicht immer verläßlich.

Vergessen ist peinlich!

„Das hab' ich ganz vergessen“, ist oft schon von Kindern zu hören. Sie vergessen um so leichter, je unangenehmer der Auftrag ist, den sie erledigen sollen. Manchmal ist es peinlich, wenn sie das zugeben müssen: „Ich habe es vergessen.“ „Du wirst alt“, lautet die Antwort.

Vergessen ist ein Geschenk

„Vergessen – ein Geschenk“, das gibt es auch. Böses und Schlimmes sinken in Vergessenheit. Freundliche Erlebnisse behalten wir eher; unsere Kindheit haben wir überwiegend in heller Erinnerung.

Nicht-Vergessen-Können ist eine Drohung

„Das werde ich dir nie vergessen." Dieser Satz kann großen Unwillen zum Ausdruck bringen. Haß und Verbitterung wachsen, wenn diese Drohung ausgesprochen wird.

Nicht-Vergessen ist ein Segen

„Vergiß mein nicht", das möchte jeder gern für sich in Anspruch nehmen. Diese Worte fallen oft beim Abschied.

Nicht-Vergessen, eine Aufgabe

„Vergiß nicht, was er dir Gutes getan hat", so mahnt der Psalm. David singt ein herrliches Lied, wenn er das Gute aufzählt:

- Vergebung: Jesus Christus hat meine Schuld bezahlt.
- Heilung: Gott hebt auf, worunter ich leide.
- Erlösung: Christus macht frei und errettet vom Tod. Er kann Neues in mir bewirken.
- Krönung: Gott schätzt mich, schenkt mir die Fülle, nimmt mich in die Arme.

Aufgabe:

Es lohnt sich, aufzuschreiben, was Gott mir persönlich Gutes getan hat. Notiert einen persönlichen „Vergiß mein nicht"-Psalm.

Schluß:

Gebetsgemeinschaft, in der ausschließlich Dank eine Rolle spielt.

4. So ein Zufall

Matthäus 6,33

Vorbemerkung:

Es gibt Dinge, die man nicht (auf ehrliche Art) beeinflussen kann oder die „zufällig“ so geschehen, so daß es immer Gewinner und Verlierer gibt.

Vorbereitung:

Variante 1: Für jeden ein Blatt Papier, auf das in der Mitte ein gelber, nicht zu kleiner Punkt gemalt oder geklebt wurde. Dazu je Person oder Gruppe einen Würfel.

Variante 2: Für jeden Teilnehmer 5 Streichhölzer und ein paar leere Flaschen mit einem engen Hals.

Einleitung:

Vor einigen Tagen kam in den Nachrichten eine Meldung von einem Flugzeugabsturz in Kolumbien: Alle Insassen kamen dabei ums Leben, nur ein zwölfjähriges Mädchen überlebte mit einem Armbruch. Sie war aus dem Flugzeug in ein Moorgebiet geschleudert worden. Glück gehabt? Zufall?

Beispiel: Es geschah im Urlaub. Wir machten einen Einkaufsbummel und schlenderten durch die Straßen, als plötzlich aus dem zweiten Stock ein Blumentopf auf meine Schulter fiel. Man hatte ihn beim Gießen aus Versehen umgestoßen. Welch ein Zufall, daß er mir nicht auf den Kopf fiel?! Oder hätte er mich etwa gar nicht treffen sollen?

Welch ein Zufall! So sagt man, wenn man unverhofft Freunde trifft. Damit meint man: Unerwartet, überraschend, ohne eigenes Zutun ist einem die Freude des Wiedersehens zuteil geworden.

Gespräch:

Die Menschen, die das hörten, haben wahrscheinlich gesagt: „Schwein gehabt", „So ein Zufall." Es gibt viele Bezeichnungen dafür, z. B. Massel gehabt, Dusel gehabt, noch einmal davongekommen...

Die Menschen nehmen sich Glückssymbole. Sie möchten damit das Geschehen zum Guten beeinflussen. Welche Symbole sind das?

Man versucht, sich auf untaugliche Weise zu schützen , indem auf Holz geklopft wird, die Daumen werden gedrückt: „Toi, toi, toi!" Man läßt in manchen Gebäuden die Zimmerzahl 13 weg usw. Nüchtern bedacht ist das Aberglaube, der nicht schützen kann.

Kreativangebot:

1. Jeder hat einen Zettel mit dem gelben Punkt in der Mitte vor sich liegen. Es wird reihum gewürfelt. Jeder, der eine „Sechs" gewürfelt hat, darf einen gelben Strich an den Sonnenmittelpunkt zeichnen. Es wird eine Zeitbegrenzung vereinbart. Wer in dieser Zeitspanne die strahlendste Sonne erwürfelt hat, bekommt einen kleinen Preis.

2. Die leeren Flaschen werden so auf den Tisch gestellt, daß ca. 6 Spieler gut an die Flaschen kommen. Jeder versucht nun nacheinander, seine Streichhölzer auf dem Flaschenhals unterzubringen. Fallen dabei andere Streichhölzer herunter, muß sie derjenige behalten, bei dem sie herunterfielen. Wer zuerst alle Streichhölzer untergebracht hat, bekommt einen Preis.

Gespräch:

Die Spiele zeigen, daß es Unberechenbares gibt, Zufall eben. Bei den o.g. Geschichten kann man sagen: So ein Zufall! So ein Glück!

Wie viele ähnlicher Zufälle hat man schon erlebt? Gibt es überhaupt einen Zufall? Was macht den Zufall so unheimlich?

— Seine Unberechenbarkeit,
— er ist nicht kalkulierbar,
— es sind Ereignisse, gegen die wir machtlos sind.

Andacht:

Trachtet zuerst nach dem Reich Gottes und nach seiner Gerechtigkeit, so wird euch das alles zufallen. Matthäus 6,33

Das Bibelwort spricht auch vom Zufall. Es steht in der Bergpredigt. Jesus Christus spricht von den Regeln in der Nachfolge. Der Alltag kommt in seiner Rede vor. Er weiß genau, was das Leben schwer macht, wo der Schuh drückt. Da ist die Sorge um den täglichen Bedarf, zu dem heute sicher am wenigsten Nahrung und Kleidung gehören, dafür Wohnung, Gesundheit, Freunde usw. Trotzdem wischt Jesus diese Ängste einfach weg mit dem Wort: „Nach solchem allen trachten die Heiden. Euer himmlischer Vater weiß doch, was ihr nötig habt."

Sicher hat Gott schon auf wunderbare Weise und unverhofft gegeben, was einer an Leib und Seele braucht. Aber immer schleicht sich Mißtrauen ein, der Zufall könnte unvorbereitet Situationen herbeiführen, denen man ausgeliefert sein könnte.

Das Leben ist ja so gefährlich! „Was ist wenn ...?" „Wie wird dies oder jenes werden ...?" Diese Fragen nehmen die Freude. Darum werden Versicherungen abgeschlossen (nichts gegen Versicherungen), werden Vorräte angelegt und Vorsorge für die unwägbaren Wechselfälle des Lebens getroffen. Und schließlich wird auch Gott eingeschaltet — man kann ja nie wissen!

Jesus sagt: Diese Reihenfolge ist falsch. Trachtet zuerst nach dem Reich Gottes und nach seiner Gerechtigkeit ... Gerechtigkeit ist Gottes Geschenk, von ihm durch Christus hergestellt und dem Glaubenden zuerkannt. Trachtet zuerst danach! Anders gesagt: Vertrauen zu Gott und Gehorsam müssen stets Vorrang haben. Dann wird euch „das alles", was sonst noch notwendig ist, zufallen – unverdient, gewissermaßen als Zugabe. Nichts, was nötig ist, wird fehlen, denn der himmlische Vater weiß um uns.

Kinder Gottes wissen, woher es „zufällt". Jede Bewahrung, jede Belastung, jede Freude — alles kommt aus Gottes Vaterhand.

Am Ende der Bergpredigt steht: „Das Volk entsetzte sich über seine Rede." Das ist gut zu verstehen. Jesus zeigt auf einen gradlinigen und kompromißlosen Weg, der Mut und Vertrauen erfordert.

5. Ich habe dir was mitgebracht

Johannes 3,16

Vorbereitung:

Jeder Teilnehmer findet ein kleines Geschenk an seinem Platz, z. B. eine Blume, eine Praline in einer gefalteten Serviette... Außerdem haben wir für jeden eine weiche Serviette, die aus mehreren Lagen besteht, und einen Pfeifenputzer.

Einleitung:

Es war in einer Kinderfreizeit im Harz. Ich war wohl fünf oder sechs Jahre alt. Schwester Hildegard begleitete uns durch diese Tage, spielte mit uns und erzählte uns biblische Geschichten. Zu ihr konnte ich nur schwer ein Verhältnis aufbauen. Aber ich wollte ihr gerne sagen, daß ich ihr zugetan war. So pflückte ich einen sehr hübschen Strauß Wiesenblumen mit Katzenpfötchen, zarten Glockenblumen, Margeriten, rotem Klee, Sterntalern und Gräsern. Als die Glocke zum Mittagessen läutete, nahm ich den Strauß mit und schob ihn ihr in die Hand, denn ich war ein sehr schüchternes Kind.

Schwester Hildegard schaute mich kaum an, gab die Blumen einer Kollegin mit den Worten: „Nimm das hier mal mit!", und dann füllte sie die Suppe auf. Ich weinte viele Tränen der Enttäuschung.

Gespräch:

- Geschenke machen und Geschenke annehmen – beides ist eine Kunst.
- Abgewiesene Geschenke tun besonders weh.
- Eine Gabe kann nur zu einem Geschenk werden, wenn sie angenommen wird.

Zu welchen Anlässen überreicht man Geschenke?
- Jubiläen
- Festtage
- bestandene Examen
- beim Kommen
- beim Gehen
- oder einfach nur so aus Freude, Liebe, Dank.

Warum werden Geschenke überreicht?
- Zuneigung zeigen
- ein Geschenk erwidern
- vom Überfluß abgeben
- einen anderen bestechen.

Was wird geschenkt?
Alle Dinge können zum Geschenk werden.
Es gibt aber auch unsichtbare Geschenke: Vertrauen, Zeit, Zuhören, ein Händedruck usw.

Kreativangebot:

Die Serviette wird einmal auseinandergefaltet. Es entsteht ein Rechteck. An der geschlossenen Seite wird ein Streifen von ca. 1 cm abgerissen, der später noch gebraucht wird.

abreißen

falten

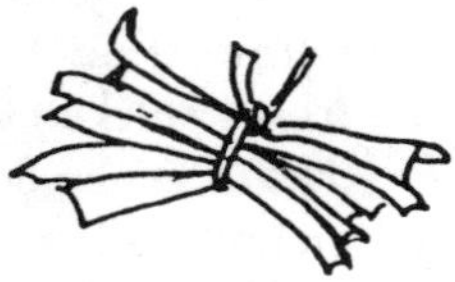

binden

Beide Daumen auf den unteren Rand der Serviette legen und sie mit den Fingern zu einer „Ziehharmonika" zusammenraffen. In der Mitte wird sie mit dem abgerissenen Streifen zusammengebunden und die Falten zu einem Kreis auseinandergebreitet. Vorsichtig wird jede Lage des Papiers zur Mitte hochgezogen. So entsteht eine große Blüte. Diese wird dem rechten Nachbarn geschenkt.

Gespräch:

Wer erinnert sich an ein Geschenk, das ihn ganz besonders gefreut hat? Was hat das Geschenk so wertvoll gemacht?

Andacht:

So sehr hat Gott die Welt geliebt, daß er seinen einzigen Sohn gab, auf daß alle, die an ihn glauben, nicht verloren werden, sondern das ewige Leben haben. Johannes 3,16

Anfang des Jahres forderte der Pastor seine Konfirmanden auf, sich für die Konfirmation drei Sprüche aus der Bibel auszusuchen, die sie sich als Motto für ihr Leben wünschen. Meine Enkeltochter entschied sich für diese Worte:
— Lobe den Herrn, meine Seele, und vergiß nicht...
— Wie sich ein Vater über seine Kinder erbarmt...
— So sehr hat Gott die Welt geliebt...

Ich sah zuerst keine Linie darin und fragte sie: „Warum gerade diese drei?" Sie antwortete mir: „Weil in diesen Worten drinsteht, daß Gott die Menschen liebt und ihnen Gutes tut — einfach so."

In der Tat — da steckt das ganze Evangelium drin! Und das fängt mit dem Tun Gottes an: Also hat Gott ...

Gott liebte. Niemand sollte sich einbilden, er habe den Weg zu Gott erdacht oder sein Wohlwollen irgendwie verdient. Gott liebt aus freien Stücken seine Menschenkinder so sehr, daß... Gott gab. Er schickte seinen Sohn Jesus Christus. Das war viel, alles, was er zu geben hatte. Aber unter dem ging es nicht. Die Menschen waren so verstrickt in Sünde und Schuld, daß Rettung nur von außen und nur mit dem Äußersten möglich war.

„Na ja, so schlimm ist es auch wieder nicht", wird mancher entgegnen. „Ich morde nicht, ich stehle nicht, Vater und Mutter sind in bester Erinnerung."

Wie ist es aber mit den anderen Geboten? Kann sich jemand neidlos freuen über das, was dem Nachbarn geschenkt ist: Gesundheit, Geld, gute Freunde? Wird Gutes und nichts Negatives über andere geredet? Wird Gottes Name nur benutzt, wenn er wirklich gemeint ist? Wie steht es mit der Ehrlichkeit? Das Herz des Menschen ist ein raffiniertes Ding. Selbst wenn einer Gutes tut oder betet, bildet er sich noch ein, er sei besser als andere.

Trotzdem liebt Gott die Menschen so sehr, daß er gab und gibt. Sein Sohn starb am Kreuz und trug die Strafe unserer Sünde. Wenn einer den anderen liebt, fällt es ihm nicht schwer, ihm etwas oder auch viel zu schenken. Ob er das „verdient", spielt dabei keine Rolle. Lieben und Geben gehören zusammen.

Wer glaubt, der hat!
Der Text geht weiter: ... auf daß alle ...
Wer glaubt, der empfängt oder der „hat". Glauben, das ist mehr als für-wahr-halten, glauben heißt: sich ihm anvertrauen, ihm angehören, sich ihm zuwenden mit Leib und Seele. Da bleibt kein Rest für ab und zu – sonntags ja, aber die Woche mache ich dann schon allein. Ich glaube, das heißt: Ich habe mein Leben ganz mit Haut und Haar ihm, meinem Herrn und Heiland, übergeben.

„Der hat das Leben" ist wie eine geöffnete Hand, in die Gott seine Gaben, seine Liebe, seine Freude, Fürsorge, sein Vergeben, kurz „ewiges Leben" hineinlegt. Es heißt nicht, daß ewiges Leben erst nach dem Tod kommt, nein, sondern ... ewiges Leben haben, hier, heute, jetzt! Das klingt ungeheuerlich. Ist es auch, aber man kann es ausprobieren.

Der Ernst dieses Wortes kommt zum Ausdruck: „Alle, die an ihn glauben, gehen nicht verloren." Dieses Wort ist eine in sich schlüssige, logische Wahrheit. Es ist wie eine mathematische Gleichung, an der es nichts mehr zu deuten gibt: $(a+b)^2 = a^2 + 2\,ab$ und b^2. Beide Seiten müssen stimmig sein. So ist es auch hier: Auf der einen Seite: Gott liebte + Gott gab = Ich glaube + ich habe. So einfach ist das Evangelium, die frohe Botschaft!

Schluß:

Bei einem Festessen kam Kardinal Faulhaber neben Professor Einstein zu sitzen, der zu ihm meinte: „Eminenz, was würden Sie sagen, wenn wir Mathematiker Ihnen rechnerisch einwandfrei beweisen würden, daß es keinen Gott gibt?" Darauf sagte der große Kardinal: „Ich würde in Geduld warten, bis Sie Ihren Rechenfehler gefunden haben."

6. Jeder hat einen Namen

Jesaja 43,1

Vorbemerkung:

Dieses Thema eignet sich besonders gut für im Gespräch ungeübte Gruppen, weil jeder mit seinem Namen an die Reihe kommt.

Vorbereitung:

Eine Liste mit Vornamen und deren Bedeutung.

Einleitung:

Im Märchen „Rumpelstilzchen" spielt der Name eine Schlüsselrolle. „Ach wie gut, daß niemand weiß, daß ich Rumpelstilzchen heiß." Warum triumphiert der kleine Kobold mit diesen Worten? In der Anonymität lag seine Macht über die Königstochter: Er erschien ihr unheimlich und furchterregend, war nicht zu fassen.

Wer einen Namen hat, den kann man dingfest machen, den kann man zur Verantwortung ziehen. Einen Namen haben bedeutet: Persönlichkeit, Einmaligkeit, Unverwechselbarkeit.

Namenlos, das ist nicht nur unheimlich, das heißt auch: unbedeutend, unwichtig, verloren, vergessen ... Gefangene tragen z. B. keinen Namen, sondern eine Nummer.

Ein Bauer sagte einmal, er würde den Tieren, die zum Schlachten großgezogen werden, keinen Namen geben, dann könne er sich auch problemlos von ihnen trennen. „Mit Namen sind sie ein Gegenüber für mich, da würde es mir schwerfallen."

Auf der Welt muß alles seinen Namen haben, sogar die Hoch- und Tiefdruckgebiete und die Stürme. Warum ist es für jeden persönlich wichtig, einen Namen zu haben? Stellt euch einmal vor, ihr hättet keinen Namen. Wie würdet ihr euch dann ansprechen?

Nach Nummern: 1, 2, 3, 4 ...
Nach einer bestimmten Auslese: Erste, Zweite, Dritte ...
Nach der Beschaffenheit: Große, Schmale, Blasse ...
Nach der Kleidung: Die mit dem Halstuch, der mit dem Gürtel ...
Nach dem Beruf, der Tätigkeit ...
Nach dem Wohnort ...

Nach welchen Gesichtspunkten erfolgt die Namengebung?
- Tradition
- Verpflichtung: bei uns in der Familie heißen alle ersten Söhne Paul
- Mode, z. B. Schauspieler, die gerade „in" sind
- bedeutende Persönlichkeiten: in der Kaiserzeit hießen viele Jungen Wilhelm
- Wunsch für das Kind, z. B. Felix: möge er glücklich werden Siegfried: möge er tapfer und erfolgreich sein.

Kreativangebot:

Der eigene Name: Jeder nennt seinen Vornamen.

Warum hat er ihn bekommen?

Wie steht er selbst zu dem Namen?

Was hat er möglicherweise mit dem Namen erlebt?

Anhand der mitgebrachten Namensliste werden Bedeutungen der Vornamen ergänzt.

Biblischer Bezug:

1. Mose 2,20: Der Mensch darf den Geschöpfen einen Namen geben

1. Mose 11,4: Turmbau zu Babel: daß wir uns einen Namen machen

Sprüche 10,7: Der Gottlosen Name wird vergessen

Lukas 10,20: Freuet euch, daß eure Namen im Himmel geschrieben sind

Johannes 10,3: Er ruft seine Schafe mit Namen

Philipper 4,3: deren Namen im Buch des Lebens stehen

Andacht:

Fürchte dich nicht, denn ich habe dich erlöst, ich habe dich bei deinem Namen gerufen, du bist mein. Jesaja 43,1

Gott ruft mit Namen. Jeder einzelne ist ein Gegenüber für ihn (Hiob). Er kennt jeden genau (Psalm 139). Er meint immer den einzelnen (Johannes 10,3; 11,28).

Gott hat dich erlöst. Lösen = Befreien, einen Verschluß öffnen. Christus erlöste, die unter dem Gesetz waren (Gal. 4,5). Er hat sich selbst gegeben für alle zur Erlösung (1. Tim. 2,6). Luther: ...erlöst von den Sünden, vom Tode und der Gewalt des Teufels....

Gott hat den Menschen das Leben gegeben, wir sind sein Geschöpf, Eigentum des Schöpfers.

Fürchte dich nicht: Jeder darf zu ihm kommen, „wie die lieben Kinder zu ihrem lieben Vater" (Luther). Bei solchen Zusagen hat Furcht keinen Platz. Mancher versteckt sich ganz gern in der Menge, da fällt er nicht so auf.

Vor der Taufhandlung im Gottesdienst fragt der Pfarrer die Eltern: „Wie soll das Kind heißen?" Und diese nennen laut und deutlich den Namen ihres Kindes. Der Name des Kindes wird vor Gott genannt. Er sollte bei Gott und in der Gemeinde gehört werden und vorkommen.

Mein Name kommt bei Gott vor, ich gehöre ihm!

7. Einen Tag verloren!

2. Mose 20,8-11

Vorbereitung:

Jeder Teilnehmer braucht Zettel und Stift.

Einleitung:

In der Zeitung, unter der Rubrik „Verloren/Gefunden“ stand folgende Anzeige:

Ich habe meinen Sonntag verloren!

Wer mir hilft, ihn wiederzufinden, erhält eine Belohnung!

Was kann man diesem Sucher antworten? Jeder schreibt seine Empfehlungen auf sein Papier. Es könnten Empfehlungen sein wie: Mehr Zeit nehmen, entspannen, gepflegt ausgehen, nichts arbeiten.

Gespräch:

Wie erlebe ich die Woche?

Die Teilnehmer werden gebeten, ihre Woche mit Hilfe einer Linie darzustellen. Dabei könnte auf spezielle Punkte Bezug genommen werden, z. B. Streßlinie, Freizeitlinie, Fernsehlinie, Arbeitslinie u.ä.

Mo-Di-Mi-Do-Fr-Sa-So (Grafik)

das heißt, alle Tage sind gleich (gleichförmig? gleichwertig?)

Mo ___ ___ ___ ___ ___ So

das heißt, die Woche steigt zum Sonntag hin an. Steigen kann beschwerlich, mühsam oder auch angsterfüllend sein.

Als Gott die Menschen schuf am 6. Tag, da war ihr erster Tag, nämlich der 7. Tag, ein Ruhetag. Ein guter Start, die Woche beginnt mit einem Höhepunkt.

Wodurch unterscheidet sich in der eigenen Lebensgestaltung der Sonntag von den anderen Tagen?

— Kirchgang?
— Ausschlafen?
— Faulenzen?
— Gut essen?
— Freunde besuchen oder einladen?
— Liegengebliebene Arbeiten erledigen?

Wie wurde früher der Sonntag vorbereitet und gefeiert?

Teilnehmer können von ihren Erlebnissen erzählen.

— Vor dem Sonntag wurde gebadet. Ein Badezimmer gehörte nur äußerst selten zu einer Wohnung, manchmal stand die Badewanne in der Küche oder im Keller, sonst nahm man den Waschzuber in der Waschküche. Der Badeofen wurde extra geheizt. Und wenn es dann soweit war, badete die ganze Familie.

— Sonntagskleider, die man in der Woche nicht trug.

— Sonntagsessen, das sich durch Braten und Nachtisch von den Mahlzeiten in der Woche unterschied.

— In der Regel besuchte man den Gottesdienst oder eine andere christliche Versammlung.

– Viele gemeinsame Beschäftigungen für die ganze Familie. Vater, Mutter, Kinder wanderten, spielten, musizierten.
– Gearbeitet wurde nur das Notwendigste. Kinder durften sonntags keine Hausaufgaben machen.

Andacht:

Wie hat Gott den Sonntag bestimmt?

2. Mose 2,3: Und Gott segnete den siebten Tag und heiligte ihn, weil er an ihm ruhte.

2. Mose 34,21: Sechs Tage sollst du arbeiten, am siebten Tage sollst du ruhen, auch zur Zeit des Pflügens und des Erntens.

2. Mose 32,13.14: Er ist ein Zeichen zwischen mir und euch, er soll euch heilig sein.

1. Du sollst ruhen!

Wenn man heute am Sonntagvormittag durch die Straßen eines Ortes geht, sieht man Leute, die die Straße fegen, ihr Auto waschen, Unkraut jäten usw. Der Sonntag ist zu einem „Flickschustertag" degradiert, an dem die Arbeiten erledigt werden, zu denen man sonst nicht kommt. „Du sollst ruhen und keinerlei Arbeit tun", selbst die Tätigkeit des Pflügens und Erntens ist in das Verbot eingeschlossen. Auch Arbeitgeber und Vorgesetzte müssen dieses Gebot achten. Was bedeutet das heute?

Auch Jesus Christus wußte, wie notwendig die Zeit des Ruhens und Stillwerdens im Alltag ist. Er selbst suchte immer wieder die Einsamkeit und Abgeschiedenheit, um zu beten. Er führte auch seine Jünger abseits: „Ruhet ein wenig" (Markus 6,31).

2. Der Tag soll heilig sein!

„Heilig", das meint: Das gehört Gott! Der Sonntag ist sein Tag. Was mir nicht gehört, darüber kann ich auch nicht verfügen. Der Feiertag hat in der Christenheit vom Sabbat (Samstag) auf den Auferstehungstag Jesu (Sonntag) gewechselt. Dieser Tag ist geheiligt, für Gott da, in seine Gegenwart gestellt. Durch diese Zeit der Stille werden Dinge wieder ins rechte Licht gerückt, man sieht wieder klarer, kann Trennendes wegräumen.

3. Der Feiertag ist ein Zeichen zwischen Gott und Mensch!

Mit dem Sonntag setzt Gott ein Zeichen, ein Signum. Mit ihm legt er seine Hand auf den Menschen. Ein Zeichen, das meint: Es gibt eine Absprache zwischen Gott und Mensch, eine Verbindung vom Schöpfer zum Geschöpf, eine geheimnisvolle Kraftzufuhr. Mit dem Geschenk des Sonntags hebt Gott den Menschen aus allen Geschöpfen heraus. Das bedeutet: Gott segnet. Tiere kennen diesen Tag nicht. Persönlich gefragt: Ist der Sonntag für mich persönlich eher eine Last oder eine Freude?

Sonntag feiern heißt, alles Alltägliche zurücklassen, stehenbleiben vor Gott, sich segnen und beschenken lassen.

Schluß:

„Sonntagschristen" bezeichnet Menschen, die meinen, mit dem sonntäglichen Gottesdienstbesuch hätten sie ihr Christsein ausreichend dokumentiert. Heute kann man wohl nicht mehr von „Sonntagschristen" reden, eher nur noch von „Weihnachtschristen".

Ist die Mißachtung des dritten Gebotes eine Ursache dafür, daß es so viel Unrast, Unfriede, Verlorenheit gibt?

8. In der Spur bleiben!

Johannes 21,20-22

Vorbereitung:

Für das Spiel braucht jeder Teilnehmer eine Kopie des Fußspurenzettels (s. S. 44) und einen Stift.

Einleitung:

Um in das Thema einzusteigen, eignen sich sehr gut Bilder, auf denen man Spuren der verschiedensten Art erkennen kann, z. B.:

Skispur im Schnee: Da hat jemand einen Weg gespurt, den andere auch gehen können.

Fußspuren im Matsch: Da hat jemand einen beschwerlichen Weg gehabt, nicht zu empfehlen.

Verwehte Blätter: Die Spuren des Sturmwindes.

Muscheln: Von der Flut zurückgelassen machen sie deutlich, was im Meer vorhanden ist.

Kahle Bäume: Das Braunkohlenrevier hat seine Spuren hinterlassen.

Gesichter: Anschauen, denn viele Erlebnisse hinterlassen Spuren.

Gespräch:

Welche Worte oder Verben mit „Spuren, spüren" fallen euch ein?

1. Wortsammlung: Aufspüren, Spuren legen, falsche Fährte, Spuren hinterlassen oder verwischen usw.

2. Erlebnisse im eigenen Leben, die Spuren zurückgelassen haben: z. B. zerbombte Häuser im Krieg; an manchen Ruinen stand eine Adresse, wo Überlebende zu finden waren; weiße Haare können die Folge eines Schocks sein; das DRK hat einen Suchdienst ...

3. Eigenes Leben und Dinge, die bei uns Spuren hinterlassen haben: Vielleicht ging eine Freundschaft zu Bruch, es geschah ein Unfall ... (meistens werden schlimme Ereignisse genannt.)

Wie ist das mit Gottes Segensspur im eigenen Leben?
Gottes Wohltaten – Gottes Bewahren – Gottes Führen?

Kreativangebot:

Jeder Teilnehmer bekommt eine Kopie des Fußspurenzettels. In den einzelnen Fußabdrücken stehen halbe Bibelzitate, die zusammengefügt werden sollen. (Evtl. kann man auch die Bibelstellen nachschlagen lassen.)

In der richtigen Reihenfolge ergeben die großen Kennbuchstaben das Thema dieses Zusammenseins. Die vier Lösungsworte schreiben wir in die leeren Fußstapfen.

Biblischer Bezug:

2. Mose 19,4: Ihr habt gesehen, wie ich euch getragen habe ...

Psalm 65,12: Deine Fußspuren triefen von Segen ...

1. Petrus 22,1: Dazu berufen, daß ihr sollt nachfolgen seinen Fußstapfen ...

Matthäus 4,19: ... folget mir nach!

Matthäus 19,21: Komm und folge mir nach!

Offenbarung 14,13: ... und ihre Werke folgen ihnen nach.

Andacht:

Was geht es dich an? Folge du mir nach! Johannes 21,20–22

Dieses Wort steht am Ende einer ganz besonderen Geschichte. Die Jünger sind am See Tiberias zusammengekommen, die Stimmung ist etwas gedrückt. Niemand weiß so recht, wie es weitergehen soll. Schließlich macht Petrus einen ganz „gewöhnlichen" Vorschlag: „Laßt uns fischen gehen." Die alltägliche Arbeit hilft über Stimmungen und schwere Gedanken hinweg. Und gerade in diesem Tun begegnet ihnen Jesus – und alles sieht plötzlich anders aus.

Noch stand die Verleugnung, diese schlimme Geschichte, zwischen Petrus und seinem Herrn. Doch hier und jetzt erlebt der Jünger die frohmachende Vergebung für das Vergangene und eine klare Wegbeschreibung für die Zukunft.

Aber das menschliche Herz ist unberechenbar: Eben noch liegt es zerknirscht am Boden – und nun schießt es schon wieder weit über das Ziel hinaus mit der Frage: „Was ist denn mit den anderen?" Und dann fällt das strenge Wort: „Das geht dich nichts an."

Gott kennt die Menschen sehr genau. Er hat für jeden einen ganz persönlichen Weg. Zwar wandert es sich leichter in einer Gruppe, solche Wegstrecken gibt es auch, Gott sei Dank! Aber wenn es um Nachfolge geht, um Ja oder Nein, muß sich jeder ganz allein entscheiden. Kollektivnachfolge gibt es nicht. Die Aufforderung „Folge du mir nach" ist unmißverständlich.

Einander einladen, Mut machen, an die Hand nehmen, füreinander beten, das ist unsere Aufgabe.

Skiläufer wissen, wie wichtig es ist, „in der Spur zu bleiben", auch wenn sie nicht nur über sonnige Ebenen führt. Nur wer darin bleibt, der erreicht auch das Ziel. Wer ausschert, riskiert einen Sturz. Jesus ist uns in allen Dingen während seiner Erdenzeit vorangegangen. Er hat die Spur zur Nachfolge gelegt. Das Ziel ist für alle gleich: Gottes herrliche Ewigkeit.

Darum Jesu präziser Ruf: „Folge du mir nach!"

Gedanken zu Spuren:

1. Die zerstörte Scheune

Die Spur eines Brandstifters. Wenige Stunden brauchte es nur, um aus der Scheune einen traurigen Haufen von Stein, Stroh und Holz zu machen. Die Spur eines Menschen, der mit sich selbst in Unfrieden lebt. Dabei hat er in Kauf genommen, daß andere möglicherweise um Leben und Existenz gebracht wurden. Jeder hinterläßt Spuren im Leben anderer!

2. Steine im Wasser

Auch dies eine Spur. Da ist einer durchs Wasser gegangen und hat für sich — oder auch für andere? — Steine gelegt, damit man trockenen Fußes weiterwandern konnte. Jeder profitiert von Spuren, die andere gelegt und dadurch Wege leichter gemacht haben. Wird das wahrgenommen? Auch Steine können manchmal etwas leichter machen!

3. Schneespur

Eine Spur im Schnee. Es ist noch nicht sehr lange her, daß einer losgefahren ist auf seinen Skiern. Richtig einladend sieht sie aus, als wollte sie sagen: Komm nur hinter mir her. Es ist ganz leicht, und ich weiß das Ziel!

Jesus sagt: „Komm und folge mir nach." Diese Einladung hat er viele Male gesagt in seinem Leben. Zuletzt zu Petrus am Morgen der Auferstehung: „Kümmere dich nicht um andere, was sie machen, die gehen dich nichts an. Du aber folge mir nach" (Johannes 21)! Das gilt für jeden einzelnen: In der Spur Jesu bleiben oder neu die Spur Gottes im Leben aufnehmen, denn nur sie bringt ans Ziel!

4. Spuren im Sand

Ich träumte eines Nachts, ich ging am Meer entlang mit meinem Herrn. Und es entstand vor meinen Augen, Streiflichtern gleich, mein Leben.

Nachdem das letzte Bild an uns vorbeigeglitten war, sah ich zurück und stellte fest, daß in den schwersten Zeiten meines Lebens nur eine Spur zu sehen war.

Das verwirrte mich sehr, und ich wandte mich an den Herrn: „Als ich dir damals alles, was ich hatte, übergab, um dir zu folgen, da sagtest du, du würdest immer bei mir sein. Warum hast du mich verlassen, als ich dich so verzweifelt brauchte?" Der Herr nahm meine Hand: „Geliebtes Kind, nie ließ ich dich allein, schon gar nicht in Zeiten der Angst und Not. Wo du nur ein Paar Spuren in dem Sand erkennst, sei ganz gewiß: Ich habe dich getragen."

5. Früchte

Früchte, reife Früchte sind Spuren des Lebens, des Werdens und Wachsens. Früchte trägt jedes Leben. Sind es die Früchte, die der Apostel Paulus von einem Christenmenschen nennt? Liebe, Freude, Friede, Geduld, Freundlichkeit, Gütigkeit, Sanftmut, Glaube. Früchte, die wachsen, die entstehen, wenn jemand in Gottes Spur bleibt. Solche Früchte sind ein Segen für alle, die mit auf dem Wege sind; sie sind Gnade Gottes, um die man bitten darf.

Fußspurenzettel

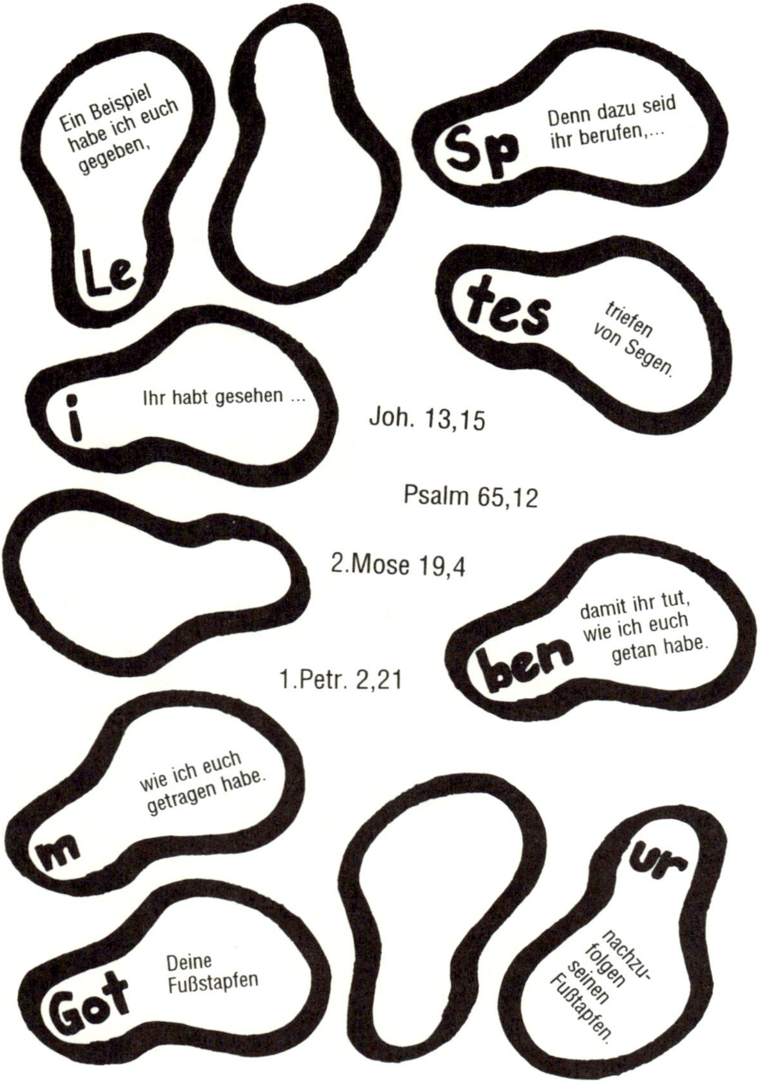

9. Sprechstunden von 0 bis 24 Uhr

Philipper 4,6

Vorbereitung:

Jeder braucht Bleistift und Zettel. Außerdem benötigt wird eine Pinnwand oder ein großes leeres Plakat.

Einleitung:

Das wäre ein tolles Schild vor einer Arztpraxis: Sprechstunden von 0 bis 24 Uhr! Allezeit sprechbereit! Dem Hobby-Gärtner rutscht die Säge ab. Das Kind zieht am Topf mit dem kochenden Wasser und verbrüht sich. Jemand bekommt plötzlich hohes Fieber – dann wäre ein Arzt mit grenzenloser Sprechstunde ein wahrer Segen!

Sprechstunde von 0 bis 24 Uhr, das gibt es nur bei Gott. Den „Besuch" solcher Sprechstunden nennen wir beten.

Biblischer Bezug:

Psalm 50,15: Rufe mich an in der Not, so will ich dich erretten
Jesaja 55,6: Rufet ihn an, solange er nahe ist
Johannes 16,24: Bittet, so werdet ihr nehmen
1. Thessalonicher 5,17: Betet ohne Unterlaß
Epheser 6,18: Betet in allen Anliegen

Was bedeutet beten? Wie kann das jemandem erklärt werden, der nicht glaubt? Jeder schreibt auf einen Zettel:
Beten ist wie...
Anschließend unterhält man sich paarweise über die sechs besten Assoziationen, die dem Kreis vorgestellt werden.

Beten ist wie ...

- ganz still und ruhig werden
- meine Hand in seine legen
- ganz allein vor Gott stehen
- alles, was mich beschäftigt, abgeben
- eintauchen in eine große Gemeinschaft
- wie Striptease
- im Flugzeug sitzen und über den Wolken fliegen
- wenn mich einer in den Arm nimmt
- mit anderen in einem Boot sitzen
- Beisitzer in der Weltregierung sein
- ...

Welche Voraussetzungen gehören zum Beten?

- Stille und Ruhe: „Wenn du aber betest, so geh in dein Kämmerlein" (Matthäus 6,6)
- Demut: „Der Herr ist nahe denen, die zerbrochenen Herzens sind" (Psalm 34,19)
- Vergebungsbereitschaft: „Wenn ihr betet, so vergebt" (Markus 11,25)
- Glauben: „Alles, was ihr bittet, glaubet nur, daß ihr es empfangt" (Markus 11,24)
- Gehorsam: „Wir wissen aber, daß Gott die Sünder nicht hört, sondern so jemand seinen Willen tut, den hört er" (Johannes 9,31)
- Geduld und Ausdauer: „Allezeit beten und nicht nachlassen" (Lukas 18,1)

Zeit zum Beten: Es fällt schwer, sie sich bei der Fülle der Arbeit und Reizüberflutung zu nehmen. Es hilft, wenn man eine feste Zeit am Tag dafür einplant. 15 Minuten sind nicht viel bei 1440 Minuten pro Tag!

Beten braucht keine Zeit, denn man kann gut bei vielen Beschäftigungen mit Gott reden, z. B. beim Kartoffelschälen, beim Weg zum Bus oder in die Stadt. Es ist wunderbar, mit welch guten Gedanken Gott beschenken kann.

Andacht:

In allen Dingen laßt eure Bitten in Gebet und Flehen vor Gott kundwerden. Philipper 4,6

1. Gott kann man um alles bitten.

Sein Wort fordert auf, über alle Dinge mit Gott zu reden. Nichts ist ausgenommen. Einen Arzt sucht man im allgemeinen nur auf, wenn einem etwas fehlt. Um zu sagen, daß es einem gutgeht, dafür geht niemand zum Arzt.

Und da liegt der Unterschied zu dem Vergleich mit der Arztsprechstunde: Gott hat Zeit, er hat immer Zeit für seine Kinder. Da braucht sich keiner kurz zu fassen, weil schon der Nächste dran sein will. Wenn einer betet, ist es so, als wäre er allein da. Er wendet sich jedem einzelnen voll zu. Ihm muß man nicht nur das sagen, was fehlt, ihm darf man fröhlich bekennen: Danke, mir geht es gut. Das würde Gott gern hören!

2. Bitten und beten ist nicht dasselbe.

Im Philipperbrief heißt es: Bringt eure Bitten im Gebet und Flehen vor Gott (Phil. 4,6)! Bitten sind ja nur ein Teil des Gebets, wenn vermutlich auch ein großer. Bitten wird hier extra erwähnt. Besteht Beten ausschließlich in der Aufzählung all dessen, was fehlt, was jemand haben möchte? Der Zusatz „Flehen" unterstreicht die Ernsthaftigkeit des Bittens, wenn Gott erhören soll. Er wird es tun auf seine Weise (siehe „Der Apfel", Seite 48).

3. Den Dank nicht vergessen.

Wer danke sagt, bei dem ist das Geschenk wirklich angekommen. Er hat es bewußt angenommen. Einen dankbaren Menschen beschenkt man gern ein zweites Mal. Und sonderbar: Wer einmal angefangen hat zu danken, der findet ganz leicht immer neue Sachen, für die er danken möchte. Es sind unter Umständen ganz banale Dinge des Alltags: Ein verlegtes Dokument wird gefunden: danke, lieber Gott!
Der verlegte Schlüssel ist wieder da: danke, lieber Gott!

Er ist immer dabei. Er ist für mich da. Er hört mir zu. Er hat immer Sprechstunde!

Persönliche Stille:

Jeder nimmt einen Zettel und schreibt auf, was er Gott gerade jetzt sagen möchte. Das kann eine Bitte, ein Dank, eine Fürbitte, ein Lob sein, das, was uns spontan einfällt. Anschließend werden diese Zettel an die Pinnwand oder an das Plakat geklebt. Jeder sollte seinen Zettel selbst anbringen (anonym).

Schluß:

Im Schlußgebet werden die Anliegen an der Pinnwand bzw. am Plakat einbezogen.

Beispielgeschichte: Der Apfel

Lisa saß da und grübelte. Vor ihr auf dem Tisch lag ein großer Apfel, rosig auf der einen Seite, gelb auf der anderen. Er duftete, oh, wie er duftete! Es war ihr Apfel, ganz und gar. Dennoch rührte sie ihn nicht an. Lisa gehörte zu denen, die gern mit anderen teilen. Aber sie waren so viele zu Hause. Papa und Mama und Putte und Kleinchen und Stina und sie selbst. Das würde nicht viel für jeden werden. Übrigens ist es schwierig, einen Apfel in sechs Stücke so zu teilen, daß es ganz gerecht zugeht. Wenn es doch sechs Äpfel wären! Lisa sah sie in einer Reihe vor sich liegen, alle gleich groß, gleich gelb und rosig, gleich duftend. Eins, zwei, drei, vier, fünf, sechs. Einen für jeden von ihnen. Wenn man zaubern könnte!

Plötzlich strahlte ihr Gesicht. Die Stirn wurde glatt, die Augen leuchteten. „Der liebe Gott kann es", dachte Lisa. „Der liebe Gott kann alles, worum man ihn bittet. Das ist sicher; denn das hatte Puttes Lehrerin in der Schule gesagt." Und sie faltete die Hände, kniff die Augen zu und sprach zu dem lieben Gott, laut und ernsthaft. „Lieber Gott", sagte sie, „mach, daß es sechs Äpfel werden. Einer für Papa und einer für Mama, einer für Putte und einer für Kleinchen und einer für Stina. Für uns alle, jedem einen. Amen!" Eine kleine Weile saß sie still, denn sie wollte dem lieben Gott Zeit lassen. Dann nahm sie die Finger auseinander und öffnete die Augen, langsam, ganz langsam. Durch den schmalen Spalt sah es aus wie viele Äpfel. Aber als sie die Augen ganz aufgemacht hatte, war es nur einer.

„Der liebe Gott kann es nicht“, dachte sie. „Aber ja, er kann es schon.“ Die Blumen und Schmetterlinge und Sterne fielen ihr ein – und all das mußte viel schwerer zu machen sein als nur ein paar Äpfel. „Aber der liebe Gott will vielleicht allein sein, wenn er es tut“, dachte sie. „Es ist das beste, wenn ich hinausgehe und ein bißchen spiele. Dann tut er es vielleicht.“ Und sie kniff wieder die Augen zu und faltete die Hände: „Lieber Gott“, sagte sie, „du kannst es sicher, wenn du allein bist. Sechs Äpfel, alle gleich groß! Danke, lieber Gott! Amen!“

Und dann lief sie hinaus in die Sonne. Draußen in der Laube saß Mama und nähte. Putte hatte angefangen, einen Kaufladen auf der Bank aufzustellen. Porzellanscherben und Ziegelsplitter und grüne Blätter und Steinchen und Tannenzapfen, das alles ordnete er in schönen Reihen. Er machte ein ernstes, nachdenkliches Gesicht, ganz wie der Mann in einem richtigen, großen Kaufladen. „Jetzt bin ich eine feine Dame“, sagte Lisa, „und komme und kaufe“, und sie spielten eine Weile.

Plötzlich war die feine Dame wieder Lisa. „Mama“, fragte sie, „kann der liebe Gott alles?“ Ja, das glaubte Mama auch. „Dann lauf ich hinein und sehe nach“, sagte Lisa, und fort war sie.

In zwei Minuten war sie zurück, aber da weinte sie. „Es ist nicht so, wie du gesagt hast, Mama“, schluchzte sie. „Der liebe Gott konnte es gar nicht.“ Und sie zeigte einen übel zugerichteten Apfel her, der überall von Kleinchens scharfen Zähnen angenagt war. „Mein armes Mädelchen“, sagte Mama, und dann erzählte Lisa die Geschichte. Putte hörte zu und machte ein mißbilligendes Gesicht. „Das war häßlich vom lieben Gott“, sagte er. „Er kann es nicht“, schluchzte Lisa. „Wenn er auch vielleicht gut ist – manchmal.“ Mama glaubte, daß er liebe Gott immer gut sei und daß er doch alles könne. „Aber dann hätte er doch sechs Äpfel machen können“, wimmerte Lisa. „Fünf Äpfel“, berichtigte Putte, der tüchtiger im Rechnen war. „Denn einer war ja schon fertig.“

Mama dachte einen Augenblick nach. „Sieh mal“, sagte sie schließlich, „du weißt doch, daß die Äpfel nicht gleich fertig sind. Zuerst ist eine Knospe da, das ist im Frühling. Dann bricht sie auf zwischen hunderttausend anderen weiß und rosa Apfelblüten...“ „Und dann wird es ein unreifer Apfel“, sagte Putte. „Ein kleines, kleines grünes Äpfelchen“, meinte Lisa. „Es wird gelb und rot und groß und fein, aber dann ist es Herbst. Es dauert lange Zeit, bis die Knospe ein Apfel wird.“ Putte und Lisa nickten. Jawohl, so war es. „So langsam schafft der liebe Gott“, sagte Mama. „Ja“, sagte Putte. „Und dann sagte Lisa: Mach jetzt gleich fünf neue Äpfel. Aber das tat der liebe Gott nicht; denn der liebe Gott will es auf seine eigene Weise machen und nicht auf Lisas Weise.“ „So habe ich gar nicht gesagt“, behauptete Lisa. „Ich sagte: Lieber Gott...“ „Ja, aber du meintest doch, daß er es gleich machen sollte“, sagte Putte; denn jetzt stand er ganz auf seiten des lieben Gottes. „Der liebe Gott ist doch kein Zauberer; der liebe Gott ist der liebe Gott.“

Es war erst Anfang Juni, die Zwergbäumchen hatten vor kurzem geblüht. An Puttes Baum hingen sechsundzwanzig kleine grüne Anfänge; an Lisas waren es vierunddreißig, und nun trocknete sie ihre Tränen. „Aber da macht ja der liebe Gott doch die Äpfel für mich!“ rief sie und tanzte herum. „Ja, das tut er“, sagte Mama und nickte. „Auf seine Weise, Lisa. Zum Herbst kommen sie.“

Jeanna Oterdahl

10. Über diese Brücke geh' ich nicht!

Johannes 14,6

Vorbereitung:

Bilder mit Brücken bzw. Symbolen aus Illustrierten oder Büchern suchen.

Einleitung:

Der Spruch hängt gut lesbar an der Wand. Was soll mit diesem Ausspruch gesagt werden?
— Das Wort eines anderen ist nicht glaubwürdig.
— Einem Versprechen kann man nicht trauen.
— Man hat Zweifel an der Echtheit eines Berichtes.
— Ein Zertifikat wird vorgetäuscht.

Bilder:
Wir sehen uns Bilder von verschiedenen Brücken an, z. B. Brücken über Wasser, Täler und Abgründe, Auto- und Eisenbahnbrücken, Zieh- und Hängebrücken, Fußgängerstege usw. Brücken von Mensch zu Mensch (z. B. Symbol der Hände für die Diakonie, Denkmal der Berliner Luftbrücke): Bilder aus Illustrierten oder Büchern suchen.

Gespräch:

Wozu dienen Brücken?
— Sie schaffen Verbindungen.
— Ermöglichen die Fortsetzung eines Weges.
— Ersparen Umwege.

Woraus bestehen sie?

— Stein

— Stahl

— Beton

— Holz

— Seilen

Wovon hängt die Sicherheit einer Brücke ab?

— Gründung

— Statik

— Pfeiler

— Geländer

— Pflege

Wenn Brücken einstürzen, ist das immer eine schlimme Sache und kostet oft Menschenleben. In Kriegen werden Brücken gesprengt, um rigoros die Verbindungen zwischen Menschen zu unterbrechen.

Andere Brücken:

Flugzeuge und Schiffe verbinden Kontinente und Völker miteinander, Telefonbrücken helfen gegen die Einsamkeit.

Unsichtbare Brücken: Das sind die feinen Verbindungen zwischen zwei Menschen. Fäden der Sympathie, der Liebe, des Wohlwollens. Solche Brücken von Mensch zu Mensch sind ein wichtiger Bestandteil des Zusammenlebens.

Manchmal werden sie abgebrochen, weil man sich geärgert hat.

Sie stürzen aus Enttäuschung zusammen.

Brücken werden wieder aufgebaut, durch die Hand, die ich dem anderen nach einem Streit reiche, das gute Wort, das ich dem Nächsten gönne.

Andacht:

Jesus Christus spricht: Ich bin der Weg, die Wahrheit und das Leben, niemand kommt zum Vater denn durch mich.
Johannes 14,6

Das Wort „Brücke" kommt in der Bibel nicht vor. Die Ich-bin-Worte Jesu kann man auch als Brücken bezeichnen: „Ich bin die Brücke, die über den Abgrund von Sünde und Tod zum Vater führt."

Es gibt im menschlichen Leben Abgründe und Tiefen, die nicht mit Brücken aus Beton und Stahl überwunden werden können. Schuld und Tod trennen von dem, der da „wohnt in einem Licht, da niemand hinkommen kann". Alle Versuche und Bemühungen, diese Kluft zu überwinden, sind umsonst (1. Mose 8,21: Das Trachten des Herzens ist böse von Jugend auf). Das hat Gott gesehen. Er hat von sich aus vom anderen Ufer her eine Brücke zu den Menschen geschlagen: Jesus Christus kam in unsere Welt und rief: „Ich bin der Weg."

Brückenbau ist immer mit Wagnis und Risiko verbunden. So mancher Arbeiter verlor dabei sein Leben. Mitunter findet man an Brükkenpfeilern eine Tafel, die daran erinnert.

Auch Jesus hat dieser Brückenschlag das Leben gekostet: Als er an Karfreitag am Kreuz starb, wurde die Brücke neu gebaut, die Verbindung zu Gott wieder geschlossen.

Damit war die Brücke zu Gott vollendet. Planung, Bauweise, Geländer, alles stimmte. Nun ist das Himmelreich erreichbar geworden. Über diese Brücke geht es nach Hause, in Gottes Reich. Sie ist fest und tragfähig, sie stürzt nicht ein, und sie ist der einzige Weg zum Vater im Himmel.

Wer diesen Weg beschreitet, den wird Jesu Liebe drängen, auch für andere Brücken zu bauen. Brücken des Zuhörens, des einander Vergebens und Tragens. Jesu Jünger sind Brückenbauer zu Gott und zum Nächsten!

Schluß:

Brücken bauen:
Das lernt man vielleicht erst,
wenn man älter wird,
wenn man schon Gräben ohne Brücken
schmerzlich erlebt hat.
Mir jedenfalls ist es so ergangen.
Beide Ufer laufen nebeneinander her,
die rechte und die linke Seite,
einander immer gleich nah ...
einander immer gleich weit entfernt ...
Wie schön,
wenn es ab und zu Brücken gibt
oder man welche baut,
damit man einander begegnen kann;
das braucht jeder Mensch.

11. Fenster sind die Augen des Hauses

1. Mose 6,14; Josua 2,15; Daniel 6,11

Vorbereitung:

Bilder von Fenstern aus Zeitschriften und Büchern. Folgende Bilder sollten dabeisein: große Fensterfassaden, Butzenscheiben, verschiedene Fenster in Häusern, Burgen, Kirchen, vielleicht auch ein Bunker mit Schlitzen.

Einleitung:

1. Rätsel

Ist nicht innen, ist nicht draußen,
ist doch vielmehr ein Dazwischen
wer, so saget, kann's erwischen? (Fenster)

2. Volksweisheit

Wenn jeder hätt vor seiner Stirn
aus Glas ein Fensterlein,
dahinter die Gedanken schwirr'n,
und jeder könnte seh'n hinein
– ach, was gäb das für ein Laufen,
um matte Scheiben einzukaufen!

3. Märchen von den Schildbürgern und ihrem Rathaus

Die Schildbürger planten einst, ein Rathaus zu bauen. Es sollte etwas Besonderes sein, denn sie wollten berühmt werden. Sie bauten es dreieckig, mit einer breiten Seite zum Marktplatz. Alle halfen begeistert mit, es wurde rasch fertig. Zur Einweihung kamen alle Bürger. Sie drängten in das neue Haus. Doch drin hauten sie mit den Köpfen zusammen, stolperten über anderer Beine, stießen sich und gelangten mit Beulen und blauen Flecken schimpfend wieder ins Freie. Was war eigentlich los gewesen? Einer bemerkte richtig:

In unserem Rathaus ist es dunkel! Ein anderer ergänzte nachdenklich: Ich glaube, es fehlt Licht! Was tun? Da sagte ein ganz Schlauer: Licht ist ein Element wie Wasser, und das kann man mit Eimern ins Haus tragen. Machen wir es doch mit dem Licht genauso! Am nächsten Tag wurde fleißig Licht und Sonnenschein in Säcke und Wannen geschaufelt, ins Haus geschleppt und ausgeschüttet – doch es half alles nichts, es blieb dunkel.

Die Ratlosigkeit der Schildbürger endete erst, als nach längerer Zeit an einer Stelle im Mauerwerk, die etwas nachlässig gebaut worden war, ein Riß entstand und ein Lichtschein hineinfiel. Da erkannten sie: Wir haben ja die Fenster vergessen! Nun, das wurde nachgeholt, und sie konnten ihr Rathaus endlich benutzen.

So wurden die Schildbürger zwar nicht durch ihr dreieckiges Rathaus berühmt, sondern durch die vergessenen Fenster!

4. Fenstersteuer:

Im 19. Jahrhundert gab es in Frankreich eine sogenannte „Fenstersteuer" für alle Fenster, die zur Straße hin gelegen waren.

Allgemeines über Fenster:

In der Vorzeit kannte man keine Fenster, es gab nur einen Eingang zu Hütten, Zelten oder Behausungen. Als man Höhlen bewohnte, war Eingang und Lichtquelle dasselbe. Auch in den alten Norwegerhäuschen hatte man nur eine Öffnung ganz oben für den Abzug des Rauches. Später ließ man ganz schmale Schlitzöffnungen in die Wände der Behausung ein.

Mit der Zeit der Eisengewinnung wurden die Schlitze zu größeren Öffnungen, die man mit Eisengittern versah. Die Erfindung des Glases ermöglichte dann eine differenziertere Gestaltung von Fenstern. Erst waren die Fenster klein. Man konnte noch keine großen Glasplatten herstellen. Es entstanden Sprossenfenster, auch solche mit Butzenscheiben. Mit fortschreitender Technik wurden die Fensterflächen immer größer bis hin zu riesigen Glasbauten, wie sie heute an Bürohäusern, Banken und Versicherungen zu sehen sind.

Größe und Form der Fenster waren stets variabel und sind es bis heute. Der Trend geht wieder zu kleineren Fenstern, nicht nur wegen des Energie-Sparens, sondern auch wegen der größeren Aussagekraft und Individualität gegenüber den meist gleichförmigen, ausdruckslosen Fensterfassaden.

Gespräch:

Worin liegt die große Bedeutung von Fenstern?

1. Sie lassen Licht hinein. Damit ermöglichen sie Arbeit und Freizeitgestaltung unabhängig von der Witterung.
2. Sie schirmen ab vor zu grellem Licht. Sie dämpfen Geräusche. Sie be- und entlüften den Raum.
3. Sie wehren Dieben den Eintritt und sind für die Bewohner gleichzeitig Fluchtweg.
4. Sie ermöglichen die Teilnahme am Geschehen draußen durch den Blick durch das Fenster. Ohne Fenster, z. B. im Krieg mit abgedunkelten Fenstern, ist der Mensch isoliert. Er erfährt Angst und Einsamkeit, fühlt sich eingeschlossen. Übrigens: Fenster gehen nur von innen auf!
5. Sie sind ein hervorragendes Stilmittel in der Architektur.
6. Die farbig gestalteten Kirchenfenster kann man in ihrer Schönheit und Aussage nur erkennen, wenn man in der Kirche ist.

Biblischer Bezug:

1. Mose 6,14: Gott sprach zu Noah beim Bau der Arche: „Und ein Fenster sollst du oben machen..."

Josua 2,15: Rahab ließ die Kundschafter an einem Seil aus dem Fenster in der Mauer hernieder, damit sie entkommen konnten.

Daniel 6,11: Daniel hatte an seinem Obergemach offene Fenster nach Jerusalem und fiel dreimal täglich auf seine Knie, betete, lobte und dankte seinem Gott.

Andacht:

Ein Raum ohne Fenster ist ein Verschlag, er ist dunkel, modrig, unheimlich. Erst ein Fenster macht ihn bewohnbar. Aber Fenster ist nicht gleich Fenster. Wer im Urlaub ein Zimmer mit Meerblick an der See bucht oder eins mit Talblick im Gebirge, muß mehr bezahlen. Wichtig ist also die Blickrichtung aus dem Fenster.

Noahs Fenster

Noah wird angewiesen, oben in die Arche ein Fenster zu bauen. Dabei ist das „oben" ganz wichtig. So konnte Noah nicht auf die Erde bzw. auf das Todeswasser der Sintflut sehen, die alles Leben auslöschte. Wie väterlich fürsorglich ist Gott. Aber nach oben, dem Himmel zu, diese Richtung stand ihm offen. Nur von oben, von Gott, konnte die Hilfe kommen. Immer und immer wieder benutzte er dieses Fenster der Hoffnung. Wiederholt schickte er die Taube hinaus, bis sie endlich ein Ölblatt, das sichtbare Zeichen der trockenen Erde und nahen Befreiung, zu ihm brachte. Noahs Fenster, ein Fenster der Hoffnung!

Rahabs Fenster

Ihr Haus stand an der Stadtmauer und hatte in dieser Mauer ein Fenster nach draußen, mit Blick vor die umschlossene Stadt. Es kann mitunter sehr hilfreich sein, wenn man sich den Unterschied zwischen „drinnen" und „draußen" bewußtmacht. Als Josua die Kundschafter nach Jericho sandte, verbarg Rahab die Verfolgten in ihrem Haus und rettete sie dann, indem sie diese mit einem Seil aus dem Fenster herabließ. Sie wußte erstaunlicherweise um Gottes Weg genau Bescheid. Paulus erging es einmal ähnlich (1. Kor. 11,33). Rahabs Fenster, ein Fenster der Rettung!

Daniels Fenster

Daniel war verschleppt und lebte unter einem labilen und despotischen Herrscher in einem fremden Königreich. Aber er war ein geachteter, mächtiger Minister in diesem Weltreich, weil Gott ihm viel Weisheit und Gelingen schenkte. Daniel blieb trotz der heidnischen Umgebung seinem Glauben und seinem Gott treu.

Verständlicherweise paßte diese Haltung seinen Kollegen, den heimischen Fürsten, nicht. Sie erfanden ein böses Ränkespiel gegen ihn, getarnt als Anerkennung dem König gegenüber. Niemand im ganzen Land dürfe während eines Monats irgend etwas erbitten von einem anderen Gott oder Menschen als von dem Landesherrscher Darius!

„Daniel aber hatte offene Fenster nach Jerusalem." Sie wiesen in Richtung Jerusalem, dem Ort, wo der Tempel stand, das Haus Gottes. Sie waren für ihn Ort des Gebetes, des Stehens vor seinem Gott, Ort der Kraft und Zuversicht. Es ist, als habe er das Gebot des Königs überhaupt nicht gehört, als gelte es ihm nicht. Er ließ sich von nichts abhalten, mit seinem Gott zu reden. Daniels Fenster, ein Fenster des Gebetes!

Gespräch:

Wieviel Zeit nehmt ihr euch zum Gebet? Wie konsequent seid ihr dabei?

Habt ihr das Ziel vor Augen, das himmlische Jerusalem?

Verliert ihr die Umwelt und Mitmenschen nicht aus den Augen? Holt ihr andere durch das Fenster des Glaubens und der Rettung in die Gemeinschaft der Kinder Gottes?

Welche Hoffnung oder Gewißheit ermöglicht es euch, eure Tage fröhlich und zuversichtlich zu leben?

Schluß:

Fenster sind die Augen eines Hauses. Die Augen sind die Fenster der Seele. Wohin, in welche Richtung, gehen meine Fenster? Was ich anschaue, gewinnt Macht über mich!

12. Ohne Wasser geht nichts!

Johannes 7,38

Vorbereitung:

Eine volle Kanne Wasser (keine Glaskanne) und drei Gefäße, die sehr unterschiedlich sind, z. B. ein Suppenteller, eine schmale hohe Vase, eine Schüssel, und ein Meßbecher.

Einleitung:

Das Wasser ist eines der vier Urelemente der Welt (Wasser, Luft, Feuer und Erde). Seit jeher wußte man, daß Leben ohne Wasser nicht möglich ist. Wer über Wasser nachdenkt, dem fallen zuerst ein: Bäche, Flüsse und Meere, Tau, Regen, Schnee und Wolken, Quellen und Brunnen. Waschen und Trinken – es ist zugleich ein Nachdenken über den Menschen und sein Leben. Verschiedene Tätigkeiten sind mit Wasser verbunden, waschen, chemische Reaktionen, kühlen. Auch der Mensch selbst besteht zu 70% aus Wasser.

Gespräch:

Wie empfindet ihr Wasser?

erquickend, reißend, unheimlich, gewaltig, belebend, heilend, tragend …

Leben beginnt im Wasser (Fruchtwasser).

Man trinkt es, benutzt es zum Waschen, Baden, Spielen.
Man hat Freude am Rauschen, an der Spiegelung, am Spiel des Lichtes und der Wellen.
Wasser wird bei der Taufe verwendet.
Quellen sind stets ein besonderer Ort, wo das Wasser aus der Erde tritt. Früher galten sie als heiliger Ort der Einkehr und Weissagung.

Wußtet ihr schon,

daß das Verhältnis Wasser – Land auf der Erde 79 % zu 21 % ist?
daß alle Flüsse zusammen dem Meer jede Sekunde 1,2 Mill. cbm Wasser zuführen?
daß der höchste Wasserfall der Erde in Norwegen 1083 m hoch ist (der Thyssestrenge)?
daß 97,2 % des Wassers auf der Erde Salzwasser, nur 2,8 % Süßwasser ist?
daß zur Erzeugung einer Tonne Stahl ca. 25.000 Liter Wasser benötigt werden?
daß Wasserentzug in drei bis sechs Tagen zum Tode führt?

Wozu wird Wasser gebraucht?

Formen des Wassers

Zuerst denkt man an die formlose Gestalt des flüssigen Wassers. Früher konnte man im Winter an den Fenstern die kunstvollsten Formen gefrorenen Wassers als Eisblumen bewundern. Heute ist das wegen der guten Isolierung kaum noch erlebbar.

Wasser in Form von Schnee und Eis ist besonders für Kinder und Wintersportler von großem Reiz. Wasser, Schnee und Eis können auch lebensbedrohlich sein. Wer bei zu hohen Wellen badet, sich in der Kälte verirrt oder von einer Lawine erfaßt wird, dessen Leben steht auf dem Spiel.

Der Kreislauf des Wassers

Wasser verbindet Pflanzen, Tiere und Menschen. Pflanzen „zerlegen" das Wasser, entnehmen für sich Substanzen, wobei letztendlich Sauerstoff überbleibt, der in die Luft abgegeben wird und den die Menschen und Tiere zum Leben brauchen. Wälder sind neben den Meeresalgen die größten Sauerstofflieferanten, auf die wir angewiesen sind.

Das Wasser, das als Regen fällt, läuft direkt oder indirekt wieder ins Meer oder verdunstet. Da ist die Sonne wie ein Motor, der das Wasser erwärmt, damit es verdunsten kann. Unterschiedliche Erwärmung bewirkt Luftdruckunterschiede, die wiederum die Luft und die Wolken über Land tragen läßt.

Auf die Bundesrepublik Deutschland fallen im Jahr ca. 200 Milliarden Tonnen Wasser. Die Menge macht also keine Sorgen, aber die Qualität. Durch die zunehmende Chemie und ihre Produktionen gelangen viele Giftstoffe in unser Wasser.

Seit es keine offenen Brunnen mehr gibt, hat der Wasserverbrauch ständig zugenommen. Heute rechnet man pro Person und Tag mit 150 Litern! Davon entfallen auf das Trinken nur ca. drei Liter, das andere wird durch die Toilettenspülung, Waschen, Duschen u. ä. verbraucht.

Kreativangebot:

Wasser läßt sich nicht immer gut einschätzen. Es werden drei große Gefäße und eine Kanne auf den Tisch gestellt. Einige Teilnehmer werden aufgefordert, die Kanne in die drei Gefäße zu entleeren. In jedem Behälter soll die gleiche Menge Wasser sein, z. B. 200 ml oder ½ Liter. Es ist gar nicht so leicht, obwohl wir täglich mit dieser Materie umgehen. Wir messen nach, wer es am genauesten konnte.

Biblischer Bezug:

1. Mose 7,10: Sintflut
2. Mose 2,10: Ich habe ihn (Mose) aus dem Wasser gezogen
2. Mose 14,21: Die Wasser teilten sich
2. Mose 17,6: Wasser aus dem Felsen
1. Könige 18,38: Das Feuer des Herrn leckte das Wasser auf
1. Könige 19,6: Zu seinen Häuptern stand ein Krug Wasser
Psalm 23,3: Er führet mich zum frischen Wasser
Psalm 42,2: Wie der Hirsch schreit nach Wasser
Psalm 65,10: Gottes Brünnlein hat Wasser die Fülle
Psalm 69,2: Das Wasser geht mir bis an die Seele
Jesaja 12,3: Mit Freuden Wasser schöpfen
Jesaja 44,3: Ich will Wasser gießen auf das Durstige

Jesaja 54,9: Daß die Wasser Noahs nicht mehr über die Erde gehen
Jesaja 55,1: Die ihr durstig seid, kommt her zu mir
Matthäus 3,11: Johannes tauft mit Wasser
Matthäus 14,29: Petrus ging auf dem Wasser
Matthäus 27,24: Pilatus wusch seine Hände im Wasser
Johannes 2,7 ff.: Wasser zu Wein
Johannes 3,5: Geboren aus Wasser und Geist
Johannes 4,10: Die Samariterin am Brunnen
Johannes 5,3: Der Kranke am Teich Bethesda
Johannes 7,38: Wer an mich glaubt, von des Leibe werden Ströme lebendigen Wassers fließen.
Apostelgeschichte 2,38: Ein jeder lasse sich taufen zur Vergebung der Sünden

Andacht:

Wer an mich glaubt, wie die Schrift sagt, von des Leibe werden Ströme lebendigen Wassers fließen. Johannes 7,38

Ein Märchen erzählt von einem Schwaben, der zum ersten Mal eine Seereise macht und einen schlimmen Sturm erlebt, der ihn ganz elend macht. Er wollte aber seinen Landsleuten berichten von dem brausenden wilden Wasser und nahm daher eine Flasche voll Meerwasser mit. Als er bei seinem Empfang der großen Gesellschaft seine Abenteuer erzählt, holt er die besagte Flasche, um das aufgewühlte Wasser zu demonstrieren. Er bittet alle, etwas zurückzutreten, damit sie nicht bespritzt würden. Dann öffnet er die Flasche, gießt das Wasser in eine Schüssel — aber es bleibt ganz ruhig. Da meint er enttäuscht: Nun ist mir doch das Wasser gestorben. Ihr hättet sonst einen Sturm erlebt.

Wasser muß frisch sein

Totes Wasser, abgestandenes Süßwasser stinkt und ist trübe. Niemand kann damit etwas anfangen. Wie erquickend und labend ist dagegen frisches Wasser, vielleicht bei einer Bergwanderung, wie gut schmeckt das Wasser eines klaren Bergbaches, wie regt es neu an und motiviert, wie kann das kühle Naß den Durst stillen.

Lebendiges Wasser hat heilende Wirkung. Für den Körper hat man das längst entdeckt, man denke nur an die vielen Heilbäder. Gottes lebendiges Wasser will die Seele heilen (Apg. 2,38: Ein jeder lasse sich taufen zur Vergebung der Sünden).

Jünger Jesu sind wie lebendiges Wasser.

Wasser ist wie ein Spiegel, in den man hineinschauen kann und darin nicht nur den Himmel, sondern auch sich selbst sieht. Christen sind solche Spiegel, ganz unbewußt. Wer ihnen begegnet, soll darin sich selbst, aber auch Jesus Christus erkennen können. Christus sagt seinen Kindern alle die Eigenschaften des frischen Wasser zu, z. B. erquicken können, zur Heilung helfen, Durstige laben, Müde wecken... Für all das brauchen wir keine Extraleistungen erbringen. „Wer an mich glaubt", das ist die einzige Bedingung.

Lebendiges Wasser, das ist Gottes Gabe. Und wenn Gott gibt, dann tut er es reichlich und in Fülle. Kein Gotteskind muß seinen Glauben ärmlich leben. Wir haben einen reichen Vater im Himmel, der uns so viel schenkt, daß andere davon abbekommen können.

Schluß:

Gott, der du groß bist,
gibst so gerne große Gaben,
ach, daß wir Armen
nur so kleine Herzen haben.

13. Ganz am Ende sein – schlimm oder toll?

Matthäus 28,20

Vorbereitung:

Jeder Teilnehmer erhält eine Schachtel Streichhölzer. Außerdem wird im Raum der Inhalt einer Schachtel Streichhölzer so versteckt, daß jeweils das farbige Köpfchen zu sehen ist. Außerdem 10 verschiedene Kerzen.

Einleitung:

Spätestens, wenn die Schule anfängt, merkt ein Kind rasch, daß es erste und letzte gibt, daß es erstes (Wichtiges) und zweites (Unbedeutendes) gibt und daß nur, wer vorne steht, eine Rolle spielt, den Ton angibt, anerkannt ist. Ein Kind, dessen Nachname mit „Z" anfängt, ist von vornherein etwas im Nachteil.

Gespräch:

Wo tritt der Unterschied „zuerst-zuletzt", „vorne-hinten" besonders auf?
Alphabet, Warteschlange, Beruf, Sport, Spiel.

Spiele sind fast ausschließlich als Wettspiele, als Konkurrenzspiele konzipiert:

Wer ist am schnellsten?
Wer ist am besten?
Wer hat am meisten gewonnen?
Wer kommt am höchsten?

Kreativangebot:

1. Spiel:

Wer kann am besten schätzen? Eine volle Schachtel Streichhölzer wird gezeigt. Die Teilnehmer schätzen, wie viele Streichhölzer darin sind. Gewonnen hat, wer der tatsächlichen Zahl am nächsten kommt.

2. Spiel:

Im Raum sind Streichhölzer versteckt. Wer findet die meisten?

3. Spiel:

Wer ist am schnellsten und am geschicktesten? Jeder schüttet seine Schachtel Streichhölzer vor sich aus und nimmt zwei Hölzchen in die Hände. Auf Kommando versuchen alle, ihre Hölzchen mit Hilfe der beiden Handhölzer wieder in die Schachtel zu bringen. Wer ist zuerst fertig?

4. Spiel:

Wer hat die ruhigste Hand? Vor uns stehen 10 Kerzen in verschiedenen Größen. Wer kann mit einem Streichholz die meisten Kerzen anzünden?

5. Spiel:

Wer hat die interessanteste Idee? Jeder soll aus seinen Streichhölzern eine Figur legen, einen Menschen, ein Tier. Die vorhandenen Hölzer müssen ausreichen, es müssen alle Hölzer aufgebraucht werden. Welches Bild ist am schönsten?

Gespräch:

Es gibt Gewinner und Verlierer, beim Spiel und auch im Leben.

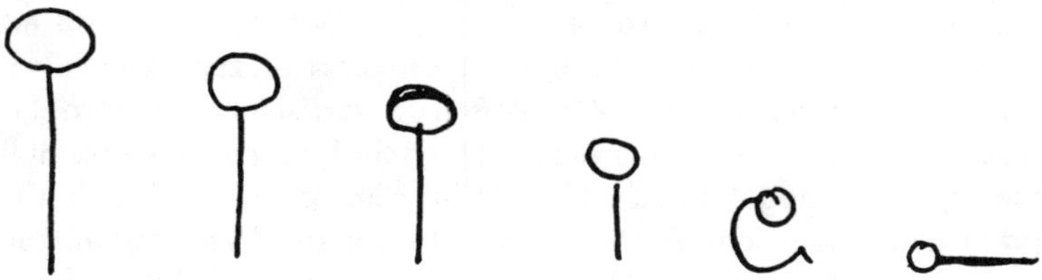

Was bedeutet es für einen Menschen, ganz hinten, ganz unten, am Ende zu sein?
– es geht nicht mehr weiter
– keine Perspektive haben
– keinen Ausweg wissen
– keine Hoffnung haben
– alles ist vergeblich
– keinen Mut haben
– keine Freunde ...

Was kann die Ursache sein?
– Schicksalsschläge
– Mitmenschen
– eigene Schuld
– Umstände
– Enttäuschung
– Verzweiflung
– Katastrophen

Andacht:

Jesus spricht zu seinen Jüngern: Siehe, ich bin bei euch alle Tage bis an der Welt Ende! Matthäus 28,20

Wer von „Matthäi am letzten" redet, meint, daß es nicht gutgeht, daß jemand „auf dem letzten Loch pfeift", daß einer am Ende ist.

Und niemand denkt daran, was denn nun wirklich in Matthäi am letzten steht!

Es handelt sich um alles andere als ein mickeriges Wort. Es ist ein herrliches Wort der Kraft, des Sieges und Trostes. Jesus hat sein Erdenwerk vollendet, unsere Versöhnung mit Gott. Er ist an unserer Statt durch Not und Tod gegangen. Nun kehrt er zurück in seine himmlische Herrlichkeit, nimmt er Abschied von seinen Jüngern. Er versichert sie seiner grundsätzlichen Herrschaft im Himmel und auf Erden („Mir ist gegeben alle Gewalt im Himmel und auf Erden"). Und er gibt ihnen einen Auftrag: „Gehet hin in alle Welt und macht zu Jüngern alle Völker..." Das ist schon ein erstaunlicher Befehl, wenn man an die elf Jünger denkt und an die vielen Millionen Menschen, die sie erreichen sollen!

Menschen pflegen einen ganzen Katalog von Qualifikationen aufzustellen, wenn es um große, wichtige Aufgaben geht. Nicht so Jesus Christus. Er setzt mit diesem Auftrag ein Ausrufezeichen hinter alles, was er gesagt, gelebt und gelehrt hatte. „Siehe, ich bin bei euch alle Tage bis an der Welt Ende." Das genügt, denn „alle Tage" heißt ja wirklich alle, nicht nur dann und wann, ob einer sich seiner Nähe gerade bewußt ist oder zweifelnd am Boden liegt: alle Tage! Es gibt auch heute keine Ausnahme. Jesus ist sprungbereit in dieser Welt. Das ist nicht zu fassen. Aber er faßt die Menschen an der Hand! Wer losgeht, wird es sehen. Siehe, ich bin bei euch. Gut, daß sein Versprechen am Ende steht.

Wenn die Jünger gesagt hätten: „Hallo, wir bleiben dir treu bis ans Ende der Tage", dann gäbe es heute keine Jünger mehr. Auch die größten Versprechungen halten nur begrenzte Zeit. Nun aber hat Jesus es gesagt... Daß es noch Christen gibt, liegt daran, daß er sein Versprechen hält, daß er zuverlässig bleibt. Und er wird es heute den ganzen Tag halten und morgen auch.

Wenn man sich dessen bewußt wird: „Ohne ihn bin ich am Ende, kann ich nichts schaffen, pfeife ich auf dem letzten Loch", dann kann man auch von „Matthäi am letzten" reden. Der Ton klingt dann aber nicht bekümmert und seufzend: „Ach, bei mir ist Matthäi am letzten." Sondern man bekennt fröhlich, atmet auf und ist getrost. Es kann nichts schiefgehen: „Danke, mir geht's „Matthäi am letzten". Denn da spricht Jesus: Siehe, ich bin bei euch alle Tage bis an der Welt Ende. Hoffentlich ist in diesem Sinne stets „Matthäi am letzten"!

14. Was nichts kostet, taugt nichts!

Offenbarung 22,17

Vorbereitung:

Für das Spiel benötigt jeder Teilnehmer 19 kleine Gegenstände: Steinchen, Nüsse, Schokoladentaler, Bonbons o.ä. und einen Würfel.

Einleitung:

Variante 1: Täglich gehen wir mit Geld um. Wie schwer ist ein 5-DM-Stück?
Schätzen lassen. (Es wiegt 10 g.)

Variante 2: Spiel „Kirchturm-Würfeln"
Jeder Spieler ordnet seine Teile wie einen „Kirchturm" (siehe Skizze).
Es wird reihum gewürfelt, die geworfene Augenzahl darf man aus dem Kirchturm wegnehmen (Querreihen).
Wenn man die entsprechende Reihe nicht mehr hat, nimmt man die Gegenstände vom linken Nachbarn. Man kann also auch mitspielen, wenn man selbst keine Kirchturmreihe mehr hat. Wer am Ende die meisten Gegenstände einheimsen konnte, hat gewonnen.

Gespräch:

„Über Geld spricht man nicht – Geld hat man", sagt ein Sprichwort.
„Geld regiert die Welt", ein anderes.
Daß Geld in aller Munde ist, zeigt die Vielzahl von Bezeichnungen für das Wort „Geld":

Welche Bezeichnungen gibt es für Geld? (zusammentragen lassen) Moneten — Knete — Gehalt — Apanage — Mäuse — Pinkepinke — Lohn — Zaster — Blüten — Gage — Honorar ...

Geld ist (leider?) lebensnotwendig. Ohne Geld funktioniert die Wirtschaft nicht. Früher wurde getauscht, Naturalien, Dienstleistungen. Auch in Schwarzmarktzeiten war das so. Später wurden dann Edelmetalle, vorwiegend Silber und Gold, zur Zahlung abgewogen und noch später durch Prägung zu Münzen mit unterschiedlichem Wert gemacht.

Viele Entscheidungen, z. B. über Investitionen, Produktion, Beruf u. ä. sind vom Geld abhängig. Jeder hätte gern viel Geld, um sich seine Wünsche erfüllen zu können. So einfach, wie meine Enkeltochter einmal meinte, geht das leider nicht: Wir hatten Besuch. Dieser erzählte von DM 1.000,— Gewinn beim Prämiensparen. Da träumte Nadine vor sich hin: „DM 1.000,—, wenn ich DM 1.000,— hätte, würde ich noch DM 100,— dazulegen, dann hätte ich DM 100.000,—."

Die gängige Meinung lautet: Wenn etwas teuer ist, dann muß es auch gut und wertvoll sein. In der Stadt gibt es einen Wochenmarkt mit guten bis durchschnittlichen Preisen. Direkt am Markt gibt es ein Delikatessengeschäft mit weit teureren Preisen für die gleichen Tomaten oder Äpfel. Es gibt Leute, die kaufen ausschließlich im Delikatessengeschäft. Das ist für sie eine Prestigefrage.

In Hamburg auf dem Fischmarkt gibt es viele Marktschreier. Bei den Bananen gab es einen besonderen „billigen Jakob". Er hatte ganze Trauben von Bananen anzubieten. Da nahm er eine Runde, hielt sie hoch und rief: „Hier, die schenk ich euch, wer will sie haben?" Als sich keiner meldete, kamen noch ein paar Runden dazu, es war ein riesiger Arm voll: „Hier, alles umsonst!" Aber es gab nur ein betretenes Schweigen bei den Zuschauern. Peinlich!

1. Mancher läßt sich nicht gern etwas schenken.

Warum ist das eigentlich so?

Ich will nichts umsonst!

— Es muß alles auf Gegenseitigkeit beruhen!

— Ich will nicht abhängig werden!

— Ich will nicht „danke" sagen müssen!
— Umsonst – das geht gegen die Ehre!

2. Bei welchen Gelegenheiten bekommt man etwas umsonst?
— bei Geburtstagen
— Weihnachten
— Messen
— Geschäftseröffnungen
— zu Werbezwecken
— um ein Produkt bekannt zu machen
— um auf einen neuen Laden aufmerksam zu machen
— um etwas loszuwerden, weil es sonst verderben würde

3. Die Fischmarktgeschichte war noch nicht zu Ende. Als der billige Jakob mit seinen vielen Bananen im Arm erneut schrie: „Hier alles umsonst, wer will es haben?", da rief ein kleiner Junge: „Ich, Onkel!", und er bekam die vielen Früchte.

Was heißt „umsonst"?
— ohne Bezahlung
— ohne Gegenleistung
— ohne Verdienst
— aus freien Stücken geschenkt
— einfach so

Für Erwachsene ist es schwer, für Kinder ist das Empfangen eine Selbstverständlichkeit. Sie selbst sind auf Zuwendung angewiesen.

Als Jesus Christus auf der Erde war, hat er wiederholt gesagt: „Wenn ihr nicht werdet wie die Kinder, könnt ihr das Himmelreich nicht erlangen." Und ebenso wiederholt er sein Angebot der Liebe und Zuwendung ganz für umsonst: Jesaja 55,1: „Die ihr kein Geld habt, kommt, kauft und esset. Kommt her und kauft ohne Geld und umsonst." Solches Angebot zieht sich durch die ganze Bibel.

Andacht:

Wen da dürste, der komme, und wer will, der nehme das Wasser des Lebens umsonst! Offenbarung 22,17

Das Leben ist teuer geworden. Man merkt es an jedem Monatsende.

Wenn es irgendwo etwas billiger oder gar umsonst gibt, z. B. bei Geschäftseröffnungen, dann sind alle gerne dabei. Umsonst, ohne Bezahlung, einfach geschenkt.

Gott bietet uns hier das Wasser des Lebens, sich selbst, gratis an. Das ist eine tolle Sache.

Eigentlich muß man sich wundern, daß die Menschen nicht Schlange stehen, wenn Gottes Wort verkündigt wird, daß die Plätze in Kirchen und Gemeinschaften ausreichen, denn hier gibt es wirklich etwas umsonst! Das einzige, was erwartet wird, ist: Komm! Hol es ab!

Gott bietet ewiges Leben an, aber er drängt es nicht auf. Er wirft es nicht wie eine billige Ware nach. Er nimmt die Entscheidung des Menschen ernst, selbst wenn der sie gegen ihn fällt. Aber er lädt „umsonst" ein, damit niemand „umsonst" gelebt hat (Psalm 127,2).

15. Nimm dir Zeit für die Zeit!

Psalm 16,31

Einleitung:

Variante 1:

Witz: Ein Mann sitzt im D-Zug. Der Schaffner kommt und kontrolliert die Fahrkarten. „Mein Herr, Sie sitzen im falschen Zug. Dies ist ein Schnellzug. Ihre Karte gilt aber nur für den Bummelzug." „Das macht nichts", sagt der Mann, „fahren Sie doch langsamer. Ich habe Zeit!'"

Variante 2: Zeitgedanken
(fröhliches Gedankenspiel)

Ich hab' mal drüber nachgedacht:
Was hat der Mensch aus der Zeit gemacht!
Zeitrechnung kannten die Sumerer,
sie zu bestimmen, war zwar schwerer
als zu sagen: Zeitlos leben
ist zeitlebens unser Streben.
Eine Zeitlang mag dies gehen,
aber jedes Zeitgeschehen
löst gewissen Zeitdruck aus.
„Hab' keine Zeit", kommt dabei raus.

Die gute, alte Zeit war einst,
sie kommt nicht mehr, auch wenn du weinst.
Und was zur Steinzeit große Mode
macht uns zur Neuzeit ganz marode.
Geht einer zeitig zum Termin,
kommt ihm rechtzeitig in den Sinn
bereits frühzeitig festzustellen,
nie vorzeitig ein Urteil fällen.

Oft ist es eine Zeitverschwendung,
wenn Zeitgenossen gehn auf Sendung,

denn wer das Zeitliche gesegnet,
uns oft viel zeitnäher begegnet.

Kinder, wie die Zeit verrinnt,
ein neues Zeitalter beginnt.
Vieles ist nicht zeitgerecht,
zeitgemäß wär auch nicht schlecht.
Zeitvertreib ist meistens gut,
Gezeiten heißen Ebbe — Flut,
mancher schlägt die Zeit gar tot,
viele geraten in Zeitnot,
oder — wenn die Zeit sehr drängt,
ist man zeitmäßig eingeschränkt.
Die Zeit wird knapp bei Stau auf Straßen,
da kann man glatt die Zeit verpassen.

Beim Fußballspiel wird ungeniert
durch Halbzeitpfiff die Zeit halbiert,
das Team, das eine Auszeit nimmt,
den Zeitablauf des Spiels bestimmt.

Seit Olims Zeiten ist bekannt,
Zeit ist Geld in jedem Land.
Auch wenn der Zahn der Zeit oft nagt,
sich einer an Zeitzünder wagt.
Zeit von ganz besondrer Würzung
ist die Arbeitszeitverkürzung.
Denn dann wird die Freizeit groß,
und die Reisezeit geht los.

Beliebt ist auch die Zeitarbeit,
die gab's noch nicht zur Bronzezeit.
Mit ziemlich großem Zeitaufwand
reicht man zur Hochzeit sich die Hand.
Es findet jede Mahlzeit statt
für den, der einen Zeitplan hat.
Wer will in kurzer Zeit gesunden,
dem sei gesagt: Die Zeit heilt Wunden.

Die Uhrzeit wird nur korrigiert,
damit die Sommerzeit regiert.
Gleichzeitig, wenn verblüht die Rose,

fängt an zu blühn die Herbstzeitlose.
Zeitraubend ist, was viel Zeit frißt,
zeitsparend schon beliebter ist.
Zur Unzeit gar kommt mancher Gast,
den du nicht geladen hast.
Es kann jederzeit passieren,
daß zwei zeitgleich durchs Ziel marschieren.
Was in der Nachtzeit ist gewesen,
kann man früh in der Zeitung lesen.
Zeitraffen mit Filmapparat
tut so, als hätt man Zeit gespart,
wird Zeitverlust zum Zeitgewinn.
Ich seh hier zeitlich keinen Sinn.

In harten Zeiten sei gesagt:
Kommt Zeit, kommt Rat, nur nicht verzagt.
Ich habe mir viel Zeit genommen
und seh zeitweise schon verschwommen.
Vertane Zeit? Genutzte Zeit?
Ein Zeitabschnitt für einen Streit?
Mein Zeitgefühl ist überwunden,
trotzdem bin ich zeitgebunden.
Wie es war zu den Urzeiten,
das wissen nur die ganz Gescheiten.
Wie es war vor den Urzeiten,
wissen nicht mal die ganz Gescheiten.

Dr. Felizitas Constien, Hamburg

Spielangebot:

Wie lang sind zwei Minuten? Alle stehen auf. Damit niemand die Sekunden zählt, singen wir ein Lied. Wer meint, daß zwei Minuten um sind, setzt sich einfach hin. Die Sekunden werden notiert, wenn sich die erste Gruppe/zweite Gruppe ... setzt. Wer hatte das beste Zeitgefühl?

Gespräch:

Die Statistik sagt, daß keine Telefonnummer so oft angewählt wird wie die 1191 „Zeitansage". Wie oft wird das Radio wegen der Uhrzeit angestellt!

Was kann man mit der Zeit alles anfangen?

Verben suchen, die mit Zeit in Verbindung gebracht werden: Zeit gewinnen, verlieren, schinden, sparen, nutzen, vergleichen, totschlagen, stehlen. Die Zeit verrinnt, steht still, heilt, verfliegt, verstreicht, nagt an etwas, wird reif, wird knapp.

Der Satz, der in Zusammenhang mit Zeit am häufigsten gebraucht wird, lautet: „Ich habe keine Zeit."

Allgemeines und Interessanten über die Zeit:

Das Wort „Zeit" gibt es nicht in allen Sprachen. Manche Kulturen unterscheiden nur zwischen „Jetzt" und „Nicht-Jetzt". Die Chinesen kennen angeblich keine Zeitformen. Da ist es nicht verwunderlich, wenn das „Aussitzen" zum erfolgreichen Handlungsprinzip gehört. Zeit-Einteilen ist zum Ordnungsprinzip des Alltags geworden, deshalb die vielen Zeitplansysteme. Früher wurde die Zeit maßgeblich durch die Natur bestimmt: Wechsel von Tag und Nacht, Hahnenschrei am Morgen, mit Hühnern zu Bett gehen, der Frühling begann dann, wenn sich die Knospen zeigten. In manchen asiatischen Ländern kennt man nur drei Jahreszeiten: Saat, Ernte, Überschwemmung.

Heute erinnern Bergnamen an die Zeit, z. B. Mittagskogel — ein Berg, wo die Sonne mittags stand, Zehnerspitze — hier stand die Sonne am Vormittag.

Im 16. Jahrhundert, nach der Erfindung der mechanischen Uhren, veränderte sich das Verhältnis zur Zeit. Man entdeckte, daß Zeit Geld ist, und man begann, die Arbeit zu verherrlichen. Das Thema „Geld und Arbeit" wurde später zur wichtigen Auseinandersetzung in der Gesellschaft. Bei tariflichem Urlaub und der 40-Stunden-Woche ist eine Minute bei einem Jahresverdienst von DM 30.000 DM 0,30 wert, bei einem Jahresverdienst von DM 50.000 DM 0,48, bei einem Jahresverdienst von DM 80.000,00 DM 0,75. Um Zeit möglichst effektiv einzusetzen, gab es schon sehr früh in Amerika die Fließbandfertigung, um möglichst viel Arbeit in möglichst kurzer Zeit zu erledigen. Der Körperrhythmus des Menschen spielte keine Rolle, er wurde an den Maschinenrhythmus gebunden. So entstand mit der Zeit eine „Arbeitsgesellschaft", ständig fühlt sich der Mensch unter Zeitdruck. Zeitersparnis ist ein modernes Wort. In diese Sparte gehörten auch „Fast-Food" und „Arbeitsessen" von Politikern und Managern. Daneben gibt es viele Menschen, die sich in ihrer freien Zeit langweilen. Das Leben ist so eingespannt, so programmiert, so sehr fremdbestimmt, daß man unfähig wird, mit seiner Zeit selbstbestimmend umzugehen. Aber auch in anderen Zusammenhängen kann gewonnene Zeit ratlos machen.

Der Showmaster Hans-Joachim Kulenkampff überzog regelmäßig und mußte dafür viel Kritik einstecken. Einmal machte er neun Minuten früher Schluß. Mit den Worten „Nun schaut mal, was ihr mit den neun Minuten macht", verabschiedete er sich. Minutenlang war nur das Pausenzeichen zu sehen.

Sprüche über die Zeit:

Die Leute, die niemals Zeiten haben, tun am wenigsten.
Einen Menschen lieben, heißt: Zeit für ihn haben.
Zeit ist keine Schnellstraße zwischen Wiege und Grab, sondern Platz zum Parken in der Sonne (Bosmans).
Es ist nicht wenig Zeit, die wir zur Verfügung haben, sondern es ist viel Zeit, die wir nicht nutzen (Seneca).

Biblischer Bezug:

Was sagt die Bibel über die Zeit?

Gott hat sie geschaffen und ist Herr der Zeit:
1. Mose 1,14: Gott sprach: Es werden Lichter an der Feste des Himmels, die da scheiden Tag und Nacht und geben Zeichen, Zeiten, Tage und Jahre.
Psalm 90,1: Herr Gott, du bist unsere Zuflucht für und für. Ehe denn die Berge wurden, bist du Gott von Ewigkeit zu Ewigkeit.

Gott bestimmt die Zeiträume, Dauer und Ende der Zeit:
Markus 1,15: Die Zeit ist erfüllt und das Reich Gottes nahe herbeigekommen.
Galater 4,4: Da aber die Zeit erfüllt war, sandte Gott seinen Sohn.
Matthäus 2,1: Geboren zur Zeit des Königs Herodes.
1. Petrus 5,10: Euch, die ihr eine kleine Zeit leidet ...
Offenbarung 10,6: Es soll hinfort keine Zeit mehr sein ...

Jesus lebt ganz in Gottes Zeit:
Johannes 2,4: Meine Zeit ist noch nicht gekommen.
Matthäus 26,45: Die Zeit ist da, daß der Menschensohn in die Hände der Sünder überantwortet wird.

Arbeitszeit:
1. Mose 2,15: Er setzte den Menschen in den Garten Eden, daß er ihn baute und bewahrte.
2. Mose 20,9: Sechs Tage sollst du arbeiten und alle deine Dinge beschicken.

Freie Zeit:
Markus 6,32: Ruhet ein wenig!

Stille Zeit:
Markus 1,35: Des Morgens vor Tage stand Jesus auf und ging hinaus an eine wüste Stätte, daß er daselbst betete.

Zeit für die Entscheidung für Gott ist immer jetzt:
Hebräer 4,7: Heute, so ihr seine Stimme höret, so verstocket euer Herz nicht.
Josua 24,15: So erwählet euch heute, wem ihr dienen wollt.
Epheser 5,16: Kaufet die Zeit aus.
2. Korinther 6,2: Jetzt ist der Tag des Heils.

Es kommt die „letzte Zeit" oder der Tag des Herrn:
1. Thessalonicher 5,2: Der Tag des Herrn wird kommen wie ein Dieb in der Nacht.
Maleachi 3,2: Wer wird den Tag seiner Zukunft erleiden können.
Apostelgeschichte 17,31: Er hat einen Tag gesetzt, an welchem er richten wird.
Apostelgeschichte 1,7: Es gebührt euch nicht zu wissen Zeit oder Stunde, welche der Vater seiner Macht vorbehalten hat.
Jakobus 5,8: Die Zeit des Herrn ist nahe.

Andacht:

Meine Zeit steht in deinen Händen! Psalm 16,31

David hat diesen Psalm geschrieben, als er wie Freiwild von Saul gejagt, verfolgt und mit dem Tode bedroht wurde. Das war eine besonders schwierige Situation. Die Menschen heute stecken meist nicht so in der Zwickmühle. Niemand verfolgt sie und bedroht sie mit dem Tod. Und doch steckt die Angst davor tief im Herzen. Immer wieder versucht man, den Gedanken daran mit vielen Aktivitäten zu verdrängen. Täglich ist zu erleben, wie dünn der Faden ist, an dem das Leben hängt.
Welche Reaktionen löst das aus?
Resignation: Es ist ja doch alles egal?
Darauflosleben: Morgen ist es eh vorbei?

Aktivität so viel wie möglich?
Christen wissen, daß ihre Zeit in Gottes Händen steht. Niemand stirbt an Krebs, an Herzinfarkt oder was sonst auf dem Totenschein stehen mag. Das Lebensende ist nicht abhängig von den Aussagen eines astrologischen Kalenders oder eines Horoskops. Jeder stirbt an Gottes Willen, dann, wenn Gott es will. Wie froh und sicher kann man in solcher Gewißheit leben! Jeden Tag neu darf man sich ihm anvertrauen, dann trägt er das Risiko. Genau das eben ist kein Risiko. Meine Zeit in Gottes Händen, das heißt aber auch: Die Zeit, die einer hier auf Erden hat, ist Gottes Zeit, von ihm geliehen. Wenn man älter wird, merkt man, wie schnell die Zeit vergeht und wie kostbar sie ist. Die Redewendung „Ich habe keine Zeit" ist völlig unlogisch. Solange einer lebt, hat er Zeit. Es kommt nur darauf an, wofür er sie nutzt. Wenn die ersten Christen etwas planten, dann sagten sie: So Gott will und wir leben! Das erinnert an den Psalm: „Meine Zeit in Gottes Händen."
Christliche Ethik ist auf den allgemeinen Trend eingegangen, wenn sie empfiehlt: Immer im Trab, immer für Gott unterwegs. Das trifft nicht in jedem Fall das, was Gott von uns erwartet. Jesus hat einmal Maria gelobt wegen ihres Nichtstuns, ihres aktiven Zuhörens.
Es ist ein großes Lob, wenn man von einem Menschen sagen kann: Er hatte Zeit für mich. Wie gehe ich mit meiner Zeit um? Stopfe ich sie voll mit allem, was sich nur bietet, um ja nichts zu verpassen?
Lasse ich den Tag auf mich zukommen, gespannt, wie Gott ihn ausfüllen wird?

16. Bäume am Lebensweg

1. Mose 2,9

Vorbereitung:

Der Raum sollte mit Bildern von verschiedenen Bäumen geschmückt werden. Es ist sinnvoll, wenn man vor dem Abend die Teilnehmer bittet, Bilder von Bäumen mitzubringen.

Beim Förster eine oder mehrere Baumscheiben besorgen, das macht keine Probleme und sorgt für gute Überlegungen und Gesprächsstoff. Sonst die Abbildung auf Seite 84 vergrößern.

Gespräch:

1. Wir erinnern uns an Bäume in unserem Leben, die wir nicht vergessen haben. Selbst erzählen, von einem Baum, auf den man als Kind gerne geklettert ist, von einem Baumhaus, einer Apfelernte, die außergewöhnlich war, von einem Treffpunkt unter einem Baum... (Dieser Punkt bringt viel Anregung und Freude, man sollte sich dafür Zeit lassen.)

Es gibt auch außergewöhnliche, bekannte Bäume in manchen Gegenden. In Hitzacker gibt es eine 350 Jahre alte Kastanie mit einem Kronendurchmesser von 35 m. Sie wurde früher als „Tanzbaum" bezeichnet, weil im Baum selbst auf den Ästen ein Podest für die Kapelle war und unter dem Baum die Paare tanzten.

2. An die vielen Funktionen von Bäumen erinnern:

Schatten spenden – Schutz bei Regen und Wind – Heimat für Tiere (Vogelnester) – Halt für andere Pflanzen (z. B. Efeu) – Nahrung (Blüten und Früchte) für Menschen und Tiere – Holz zum Bauen für Möbel, zum Heizen – Bäume sorgen für einen ausgeglichenen Wasser-Sauerstoff-Haushalt (lebensnotwendig)

Einleitung:

Redewendungen:

Einen Baum muß man biegen, solange er jung ist.
Alte Bäume soll man nicht mehr verpflanzen.
Gesund sein und Bäume ausreißen können, wünscht man sich.
Man muß dafür sorgen, daß die Bäume nicht in den Himmel wachsen.
Baumstark müßte man sein.
Man bäumt sich gegen sein Schicksal auf.
Auch schiefe Bäume können süße Früchte tragen.

Bildbetrachtung:

Bilder von Bäumen finden sich in Kalendern, Reisebeschreibungen, Zeitschriften oder Bildbänden. Sie können als Bildbetrachtung für diesen Teil ausgewählt werden.

Die Teilnehmer sehen sich die mitgebrachten Bilder an und sprechen darüber. Dabei ist es gut, unterschiedliche Sichtweisen zu haben:
Bäume, die groß und weit ausladend sind
Bäume mit Nestern oder Vögeln darin
Bäume, die bewachsen sind
Bäume, die blühen
Bäume, die dürr geworden sind
Bäume, die abgebrochen sind
Bäume, die starke Wurzeln haben
Bäume, die aus einem Stumpf neu sprießen
Bäume, die gestützt werden müssen
Bäume, die vom Sturm verbogen sind

Andacht:

Und Gott der Herr, pflanzte einen Garten in Eden ..., und den Baum des Lebens, der Erkenntnis des Guten und Bösen mitten im Garten ... 1. Mose 2,9

Das Bild des Baumes zieht sich durch die ganze Bibel. Schon auf den ersten Seiten lesen wir im Schöpfungsbericht, daß Gott am dritten Tag die Erde hervorbringen ließ fruchtbare Bäume in verschiedenen Arten, die da Frucht bringen und den Samen in sich tragen. Dann werden die Bäume im Paradies näher beschrieben: Verlockend anzusehen und gut die Früchte zu essen. Alles dürfen die Menschen genießen, nur einen Baum nimmt Gott aus, den Baum des Lebens, der Erkenntnis des Guten und Bösen. Er erinnert damit die Menschen an ihre Grenze als Geschöpf. Er wollte nicht, daß seine Menschen mit solcher Erkenntnis ihr Leben in eigener Regie führen ohne die stete Verbindung mit Gott, der sie lenken und behüten wollte, damit ihre Grenze nicht überschritten wird und sie sich nicht selbst und ihre Umwelt zerstören – hier geht es bereits um Leben und Tod! Die Geschichte geht erschütternd weiter, mit Ungehorsam, Schuldzuweisungen, Unfrieden ...

Auf der letzten Seite der Bibel ist wiederum vom Baum des Lebens die Rede. Er steht mitten im himmlischen Jerusalem und trägt zwölfmal im Jahr Früchte, ein Bild unermeßlicher Fülle.

Dazwischen steht in der Mitte der Zeiten ein anderes Holz, aus Bäumen roh gezimmert: Das Kreuz Christi, der wahre Lebensbaum, der die Verbindung vom Paradies zur himmlischen Herrlichkeit herstellt, der gute Baum, der uns Früchte bringt für Zeit und Ewigkeit.

Diese drei biblischen Bäume zu Anfang, in der Mitte und am Ende sind für uns Orientierungspunkte. Wie ich zu diesen Bäumen stehe, daran entscheidet sich, ob ich Frucht bringe oder unfruchtbar bin, ob ich gerecht oder gottlos bin, ob meine Wurzeln Kraft schöpfen können oder ob ich haltlos bin. Der Baum in der Mitte des Gartens Eden, der für Gott steht, läßt mich wissen, was gut und böse ist. Der Baum des Todes Jesu Christi bietet mir Versöhnung und Hoffnung, weil neben dem Kreuz österliches Leben neu entstanden ist. (Jesus könnte bei seinen Selbstbezeichnungen auch gesagt haben: ich bin der Baum des Lebens.) Als Sünder und Gerechter zugleich darf ich mich durch Christus freuen auf den Lebensbaum in Gottes Ewigkeit.

17. Gut verwurzelt

Psalm 1

Biblischer Bezug:

Bäume in der Bibel:

In der Bibel werden viele Baumarten genannt. Ob sie alle mit unseren heutigen Bezeichnungen identisch sind, ist fraglich. Trotzdem ist die Vielzahl beachtlich.

Eiche: Simsons Haupt blieb an einer Eiche hängen (2. Samuel 18,9).

Tanne: Ich will sein wie eine grünende Tanne (Hosea 14,9).

Zeder: Wachsen wie eine Zeder auf dem Libanon (Psalm 92,13).

Ich will in der Wüste wachsen lassen Zedern (Jesaja 41,19)

Wacholder: Elia setzte sich unter einen Wacholder (1. Könige 19,4).

Linde: Beim Fällen bleibt ein Stumpf übrig (Jesaja 6,13).

Granatapfelbaum: Saul saß unter einem solchen (1. Samuel 14,2).

Tamariske: Saul saß unter einer Tamariske (1. Samuel 22,6).

Akazie: Eine Lade aus Akazienholz (2. Mose 25,6).

Buchsbaum, Zypresse, Kiefer: Wachsen auf dem Libanon (Jesaja 60,13).

Buche, Pappel, Platane: Opferstätten für Götzendienst (Hosea 4,13)

Nußbaum: Im Garten wachsen Nußbaum, Granatbäume, Weinstock (Hoheslied 6,11).

Mandelbaum: Aarons Stab war aus diesem Holz (4. Mose 17,23).

Maulbeerbaum: Zachäus stieg auf einen Maulbeerbaum (Lukas 19,4).

Feigenbaum: Jesus sah einen Feigenbaum ohne Frucht (Lukas 13,6).

Lorbeerbaum: Die Siegeskränze waren Lorbeerkränze (1. Korinther 9,24).

Senfbaum: Das Himmelreich gleicht ... (Matthäus 13,31).

Palme: Größere Zahl von Palmen in Elim (2. Mose 15,27).

Laubhüttenfest — Palmwedel (3. Mose 23,40).

Ölbaum: Ölbäume wirst du haben in deinem ganzen Gebiet (5. Mose 28,40).

Es ist festzustellen, daß Palästina ein wenig bewaldetes Gebiet gewesen ist. Am meisten waren die Ölbäume verbreitet. Auch Palmen gab es mehr als heute. Jericho wird einmal die „Palmenstadt" genannt. Sonst gab es Palmen in den Oasen, auf der Sinai-Halbinsel und in der Jordanebene.

Kreativangebot:

Betrachtung der Baumscheiben:

Jahresringe – Alter des Baumes
dünne Linien – magere Jahre
dicke Linien – fette Jahre
eine starke Mitte
Verletzungen von außen
Bildung eines Zweiges
morsche Stellen, gerissene Rinde

Andacht:

Psalm 1

Bäume begleiten uns ein Leben lang. Ihre bizarre Nacktheit im Winter ebenso wie der Reichtum und die Fülle eines sommerlichen Baumes. Bäume entstehen aus einem winzigen Samenkorn, sie wachsen ihr Leben ohne Anstrengung, sie wurzeln in der Erde und recken sich zum Himmel. Bäume sind Symbole, sind Gleichnis für die Menschen.

V.2.3: Auch die Bibel vergleicht den Menschen, vor allem den frommen Menschen, der sich nach Gottes Geboten richtet und das gern und mit Ausdauer tut. Von ihm sagt sie, er sei wie ein Baum, gepflanzt am Wasserbach. Das ist in der Tat der bestmögliche Ort ohne Nahrungsmangel und mit ständiger Versorgung mit lebensnotwendigem Wasser. Dort ist die Erde weich und locker, so daß die Wurzeln tief greifen können. Wie von selbst gibt es grüne Blätter und Früchte. Jesus Christus nimmt diesen Gedanken auf, wenn er in Johannes 15 sagt: „Bleibet in mir! Wer in mir bleibt und ich in ihm, der bringt viel Frucht!", denn er hat lebendiges Wasser.

V.1: Es gibt aber auch schlechte Standorte, sie werden mit drei Worten beschrieben: Wandeln im Rat der Gottlosen (menschliche Klugheit), stehen (Urtext) auf dem Weg der Sünder (menschliche Bosheit), sitzen, wo die Spötter sitzen (menschliche Dummheit).

V.4.5: Das kann nicht gutgehen, da kann kein Baum wachsen und gedeihen, wie Spreu im Wind wird das Ende sein. Gott selbst hat sie dahingegeben.

Bäume sind wie Menschen – Menschen sind wie Bäume. Auch mein Leben hat klein begonnen. Ich bin gewachsen. Es haben sich „Jahresringe" gebildet, gute und wilde Triebe haben angesetzt, manchmal muß etwas beschnitten werden. Ich wünsche mir, daß meine Wurzeln tief im Glauben an Jesus Christus Halt finden, daß ich Frucht bringen darf. Einmal werde auch ich welken, verblühen, eingehen, sterben mit der Hoffnung, ja Gewißheit, zu erwachen zu einem neuen Leben bei Gott in seiner Ewigkeit.

18. Endlich Frieden

Epheser 2,14

Vorbereitung:

Jeder Teilnehmer benötigt einen Zettel und einen Bleistift. Außerdem besorgt sich die Leitung Illustrierte o.ä. mit Bildern verschiedener Motive: Landschaften, Tiere, Menschen. Sie werden sichtbar im Raum aufgehängt oder auf einen Tisch gelegt.

Einleitung:

Zeitungsbilder suchen, auf denen „Frieden" zu erkennen ist. Dabei können die Meinungen durchaus unterschiedlich sein.

Kreativangebote:

1. Wortverbindungen mit „Frieden":
Friedenstaube, Friedenspfeife, Friedenskonferenz, Friedensvertrag, Friedensverhandlung, Friedenspflicht, Friedensversprechen ...

2. Was ist eigentlich „Frieden"? Zusammentragen, was Frieden nicht ist, z. B. Krieg, Streit, Lärm, Wirrwarr, Unruhe, Feindschaft ...

3. Frieden ist für mich wie ...
Der Satz wird ergänzt durch Bilder, die jedem einfallen, z. B.
— ein breiter Strom, der ruhig dahinfließt
— Ruhen in Mutters Arm
— Sonnenuntergang
— Kühe grasen im Sommer auf der Weide
— eine Schulklasse, in die nach der Pause der Lehrer eintritt
— Sonne nach einem Gewitter

Biblischer Bezug:

4. Mose 6,26: Der Herr gebe dir Frieden
1. Chronik 22,9: Ich will Israel Ruhe und Frieden geben
Psalm 4,9: Ich liege und schlafe ganz mit Frieden
Psalm 119,165: Großen Frieden haben, die dein Gesetz lieben
Jesaja 53,5: Die Strafe liegt auf ihm, auf daß wir Frieden hätten
Micha 5,4: Und er wird der Friede sein
Lukas 1,79: Richte unsere Füße auf den Weg des Friedens
Lukas 2,14: Ehre sei Gott in der Höhe und Friede auf Erden
Markus 9,50: Habt Salz bei euch und habt Frieden untereinander
Lukas 24,36: Friede sei mit euch!
Johannes 14,27: Den Frieden lasse ich euch
Römer 5,1: Durch Jesus haben wir Frieden mit Gott
Römer 12,18: Ist es möglich, so habt mit allen Menschen Frieden
1. Korinther 7,15: Zum Frieden hat Gott euch berufen
Galater 5,22: Die Frucht aber des Geistes ist ... Friede
1. Petrus 3,11: Jagd dem Frieden nach

Andacht:

Er ist unser Friede. Epheser 2,14

Wenn man von Friede spricht, dann ist in der Regel keine Person, sondern ein Zustand gemeint: Harmonie, Toleranz, ohne Krieg und Streit. Die vielen Worte in Verbindung mit Frieden (Friedensverhandlung, -versprechen usw.) lassen die Herzen schon lange nicht mehr höher schlagen. Zu viele Friedenszusagen wurden gegeben und nicht gehalten.

Trotzdem mühen sich Menschen um Frieden in der Welt. Und das ist gut so, weil Zerstörung und Leid beendet werden. Sie merken aber immer zugleich, wie vergeblich diese Arbeit ist und wie zerbrechlich solche Abkommen sind. Selbst im kleinen Lebenskreis der Familie und Nachbarschaft ist es nicht immer einfach, Frieden zu halten. Wie unmöglich ist es dann zwischen Ländern und Völkern?

Dabei ist das Herz voller Sehnsucht nach Geborgenheit, nach Ruhe, nach Angenommensein, nach Glückseligkeit – eben nach Frieden. Es müßte jemand auf seine ganzen Rechte verzichten, sich ausnützen lassen, alles hergeben. Ob es dann gelingen würde?

Wirklicher Friede liegt außerhalb menschlichen Vermögens. Jesaja sagt: „Wer von Gott los ist, hat keinen Frieden" (Jesaja 48,22). Friede basiert auf Vergebung, die allein Gott zusprechen kann. Wer von Gott los ist, der muß ja auch selbst für sich und sein Recht sorgen. Da läßt sich Frieden schwer halten. Es hat im Laufe der Zeit viele Friedensangebote Gottes gegeben, damit die Menschen in seinem Frieden bleiben, z. B. die Zehn Gebote oder auch die Aufrufe der Propheten (Gehorsam gegen Gott bringt Frieden). Weil aber letztlich alle umsonst gewesen sind, hat Gott sich selbst eingeschaltet: Er schickte seinen Sohn Jesus Christus. In ihm ist der Friede personifiziert. Er hat alle „Vertrags-Paragraphen" erfüllt, denn er wurde gehorsam bis zum Tod am Kreuz. Er hat die Sühne für alle Schuld erbracht: „Die Strafe liegt auf ihm, auf daß wir Frieden hätten" (Jesaja 53,5).

Darum gibt es Friede im Leben nur durch Jesus. Darum wird es Frieden in eurem Lebenskreis auch nur mit Jesus geben. Und Weltfrieden, den wird es wohl erst geben, wenn Jesus wiederkommt und sein Reich aufrichtet. Wer Jesus heute in sein Leben hineinnimmt, kann Gottes Frieden schon heute erleben.

19. Aktuelle Nachricht

Matthäus 16,29

Vorbereitung:

Es werden Zettel, Bleistifte und Zeitungen für alle benötigt. Die Zeitungs-Spielereien sollten vorher ausprobiert werden.

Einleitung:

Geschichte:

Ein Mensch sitzt am Frühstückstisch und liest die Zeitung. Und wie üblich läßt er seine Frau an den Neuigkeiten teilhaben: „Die Brötchen werden schon wieder teurer! Rußland streitet um Fischerei-Rechte! In Japan bebt die Erde!" Die Frau will ihn unterbrechen, aber er liest unbeirrt und kopfschüttelnd weiter: „Zur Zeit gibt es 24 Kriege auf der Welt, es ist doch nicht zu glauben", regt er sich auf und überliest die nächsten Seiten: „Kriegsschiffe im Mittelmeer! Deutscher Außenminister bekräftigt unseren Friedenswillen!" Die Frau will ihn immer wieder unterbrechen. Er liest sich richtig in Eifer: „Überschwemmungen im Nilgebiet! Touristen gekidnappt in Afrika! Und hier, hör mal, das geht alle an: Postgebühren werden erhöht von 8 auf 10 Pfennig! Da kann doch etwas nicht stimmen!" „Natürlich", antwortet die bessere Hälfte, „ich wollte es dir ja schon vorhin sagen: Die Zeitung fand ich beim Räumen auf dem Boden in einer alten Kiste, sie ist so alt wie du und stammt aus dem Jahr 1927!"

Gespräch:

„Nichts ist so alt wie die Zeitung von gestern", sagt man. Und: „Die Menschen ändern sich nie."
Inwiefern sind diese Aussagen wahr?
Ändert sich nichts weiter als die Preise?
In welche Richtung spielt die Geschichte?

Was ist eine Zeitung: „Eine tägliche oder werktägliche Druckschrift mit Nachrichten und Berichten der aktuellsten Art aus nahezu allen Lebensbereichen", liest man im Lexikon. „Sie wird mit den schnellsten technischen Mitteln gesetzt, umbrochen und auf billigem Papier gedruckt. Bei uns in Deutschland werden Zeitungen vorwiegend im Abonnement vertrieben, in anderen Ländern (Frankreich, USA) dagegen im Straßenverkauf. Den Kern der Zeitung, nämlich die aktuelle Nachricht, gab es natürlich schon vor der ersten Zeitung als lose Druckschrift oder verbale Verkündigung. Zeitungen im heutigen Sinne gibt es seit dem 17. Jahrhundert."

Mit Zeitungen läßt sich eine Menge anfangen. Wozu kann man sie verwenden?
Zur Information — zum Isolieren — zum Feueranmachen — zum Aufsaugen von Flüssigkeiten — zum Einwickeln — zum Ausstopfen von Leerraum (Paket) — zum Wärmen

Kreativangebot:

Die Wundertüte

Eine kleine Zauberei: Das Zeitungsblatt wird gemäß der Abbildung gefaltet. Es entsteht eine Tüte mit zwei Öffnungen. In eine Öffnung läßt man ein Geldstück oder einen Bonbon fallen, unter „Hokus-Pokus" drehen wir die Tüte heimlich um und siehe da: Sie ist leer.

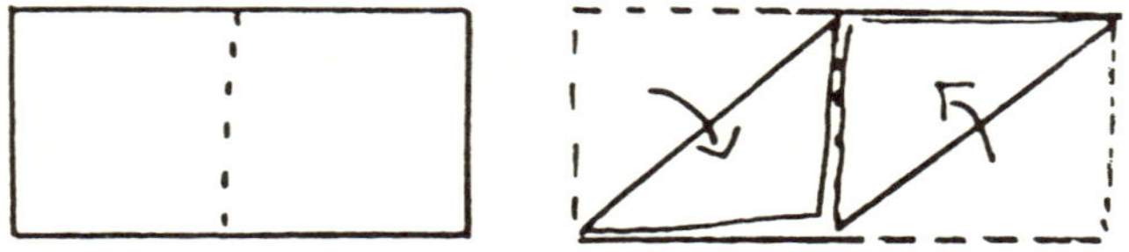

① aufgeschlagene Zeitung ②

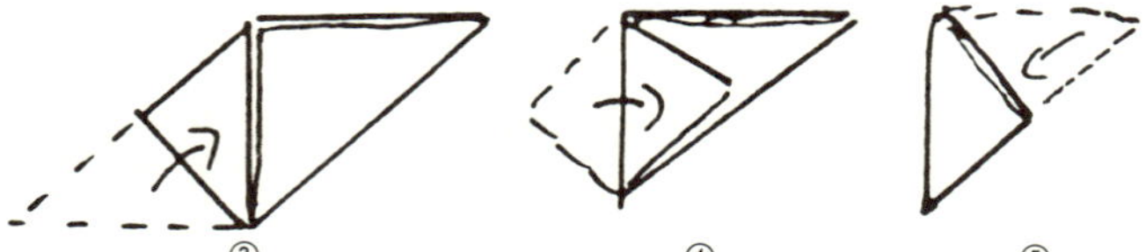

③ ④ ⑤ in den Zwischenraum stecken

Palme „zaubern"

Aus Zeitungen werden etwa 16-20 cm breite Streifen geschnitten, die aneinander geklebt werden, bis der Streifen ca. 2 m lang ist. Der Streifen wird aufgerollt. Diese kleine Rolle wird in die linke Hand genommen. Man schneidet mit der Schere mindestens vier Mal bis zur Mitte hinein. Dann zieht man oben von der Mitte her das Papier auseinander. Es entsteht eine immer länger werdende Palme!

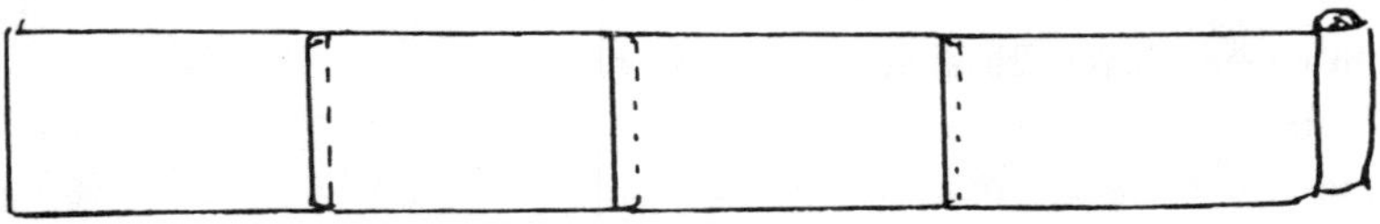

Die Tageszeitung hat unserem Kreis eine Seite eingeräumt unter dem Motto: „Was ich meinen Mitmenschen schon immer sagen wollte." Diese Gelegenheit soll genutzt werden, um einen kurzen Aufruf, eine Mitteilung dafür zu schreiben und eine Seite zu gestalten.

Gespräch:

Zeitungen haben große Verantwortung. Zeitungsverleger und Redakteure haben viel Spielraum. Sie können Nachrichten unterschlagen, etwas weglassen, ihre tendenziöse Meinung einfließen lassen und den Leser bewußt und unbewußt beeinflussen.

Andacht:

Was nützt es einem Menschen, wenn er die ganze Welt gewinnt, dabei aber sein Leben einbüßt? Matthäus 16,26

Das ist wie ein Zeitungsaufruf: Achtung! Nachricht für alle! Es wird gefährlich – SOS! Der Mensch strebt nach immer mehr Machbarkeit in der Welt, und es gelingt ihm auch vieles. Noch zu keiner Zeit hat es so enorm große Veränderungen auf technischen, medizinischen und vielen anderen Gebieten gegeben als in den letzten 50 Jahren. Vieles ist zum Heil der Menschen nutzbar gemacht, vieles ist ihm zum Schaden und zur Gefahr geworden. Und noch immer geht sein Streben nach mehr Gewalt über die Natur, die Geheimnisse der Erde, der Eroberung des Weltalls.

Im persönlichen Bereich ist es nicht anders:
mehr besitzen als andere,
eine noch besser bezahlte Stelle,
noch exklusiveren Urlaub,
die ganze Welt steht uns ja offen!

Was hilft es letztlich dem Menschen? fragt Jesus. Auch wenn der Pathologe Virchow nach über 1.000 Sezierungen feststellt, daß er keine „Seele" gefunden habe, den „Verstand" übrigens auch nicht. So bekennt die Bibel ganz klar, daß Gott wohl alles Leben geschaffen hat, dem Menschen jedoch eine lebendige Seele eingehaucht hat, sozusagen als Atem Gottes.

Es ist bedauerlich, daß die Kirche, die sich doch vornehmlich um „Seelsorge" nach dem Auftrag Jesu kümmern soll, sich für alles und vielerlei interessiert, was andere Institutionen sicher besser machen könnten, sich z. B. um das Ozonloch bemühen, um die Erhaltung der Regenwälder, um Rebhühner u.a. (Wobei diese Dinge sicher der Fürsorge bedürfen, allerdings sollten sie nicht die erste Stelle einnehmen.)

Was hilft alles andere, wenn der Mensch an seiner Seele Schaden nimmt? Der Bibeltext ist eine sachliche Information mit der Beschreibung der Folgen, wenn keine Änderung eintritt. Wenn in heutiger Zeit das Christentum von vielen strebsamen Menschen, denen tolle Sachen gelungen sind, als antiquiert, unmodern und nicht in diese erfolgreiche Zeit hineinpassend abgetan wird – es ist trotzdem wie ein Funkspruch in letzter Minute: SOS!

SOS – das ist der Funkspruch der Seefahrer von alters her, wenn ein Schiff in Gefahr gerät.

SOS – das heißt: save our souls (unsere Seelen) und nicht

SOL – save our lives (unser Leben).

Was tue ich für meine Seele? Tue ich überhaupt etwas? Ich sorge für sie, wenn ich mit Gott rede, wenn ich ihm meinen Dank und meine Nöte vortrage und mich ihm überlasse, wohl wissend, daß Christen nicht alles können, was sie könnten.

Jetzt kann das, was vorher aufgeschrieben wurde, neu überprüft und gegebenenfalls ein neuer Artikel geschrieben werden.

Oder: Die Teilnehmer werden gebeten, das aufzuschreiben, was ihnen als wichtig unter den Nägeln brennt.

20. Wer überall zu Hause ist, ist nirgends daheim!

Johannes 14,1–3

Vorbereitung:

Es wird für jeweils 4 bis 6 Teilnehmer je ein Zettel mit der Landkarte Deutschlands fotokopiert (bei vielen Ausländern evtl. Europakarte). Man sitzt in den kleinen Gruppen zusammen. Jeder bekommt einen Stift in einer anderen Farbe.

Einleitung:

Jeder Mensch braucht ein Zuhause!

Der Mensch braucht ein Plätzchen,
und wär's noch so klein,
von dem er kann sagen:
Sieh her, das ist mein!
Hier lieb ich, hier leb ich,
geh ein und geh aus,
hier ist meine Heimat,
hier bin ich zuhaus.
(Spruch an einem Haus)

In dem Hausspruch tauchen zwei Begriffe auf, die näher betrachtet werden sollen:

Zuhause: Welche Gedanken verbinden sich mit diesem Begriff?
Wohnen,
schlafen,
essen,
Menschen, die zu uns gehören,
leben.

Man kann Worte sammeln, die die Silbe „haus" enthalten: häuslich, hausen, behaust, haushalten, hausgemacht, hausbacken, von Hause aus, von Haus zu Haus ...

Heimat:

Worte sammeln: Heimweh, heimlich, heimelig, heimführen, heimgehen, heimleuchten, heimzahlen, heimisch, Heimtücke ...

Kürzlich gab es in einem Gymnasium einen Abend über die Rußland-Deutschen. Ein junges Mädchen, Schülerin der 7. oder 8. Klasse berichtete von ihrem Leben in Kasachstan, von den Vorfahren, die einst durch Katharina die Große nach Rußland geholt wurden, von den vielen Verfolgungen und ihrer jetzigen Rückkehr nach Deutschland. Sie schloß ihre Rede: „Fragen Sie uns nie nach unserer Heimat. Rußland ist nicht unsere Heimat. Ich bin nicht in meiner Heimat geboren."

Ist meine Heimat da, wo ich zu Hause bin? Bin ich da zu Hause, wo meine Heimat ist?

Heimat ist wohl mehr der Ort, das Land oder die Landschaft, wo einer geboren ist, wo er herstammt. Zuhause ist der Ort, wo einer sich wohlfühlt, wo er hingehört.

Gespräch:

Was macht ein Haus, eine Wohnung oder ein Zimmer zum Zuhause?
- Wärme
- Schutz
- Geborgenheit
- Angenommensein
- jederzeit zurückkehren können
- Mitmenschen haben, die ehrlich zu mir sind, die mich liebhaben
- ich selbst sein dürfen ohne Maske.

Kein Zuhause haben heißt: Menschen sind innerlich arm, unstet, heimatlos, verloren.

Kreativangebot:

Jeder Teilnehmer erhält die Kopie einer Deutschlandkarte (Atlas). Er markiert seinen Geburtsort als Punkt, ebenso weitere Aufenthaltsorte, die sein Leben geprägt haben. Die Punkte werden miteinander verbunden und enden am jetzigen Wohnort. So sind jeweils 4 bis 6 Linien auf der Karte. Es ist interessant, welche „Wanderungen" manche Menschen in ihrem Leben hinter sich haben. Und es macht insbesondere älteren Leuten Freude, davon zu erzählen. Am Schluß werden die Karten an der Wand befestigt, so daß man sie sich in Ruhe ansehen kann.

Andacht:

Euer Herz erschrecke nicht! Glaubt an Gott und glaubt an mich! In meines Vaters Haus sind viele Wohnungen. Wenn's nicht so wäre, hätte ich dann zu euch gesagt: Ich gehe hin, euch die Stätte zu bereiten? Und wenn ich hingehe, euch die Stätte zu bereiten, so will ich wieder kommen und euch zu mir nehmen, damit ihr seid, wo ich bin. Johannes 14,1-3

Ehe Jesus von seinen Jüngern Abschied nimmt, spricht er zu ihnen von seinem „Zuhause" und den vielen Wohnungen. Er sagt auch: „Dieses Haus ist für euch." Keinen erwartet also eine gähnende Leere oder ein dunkles Loch, wenn er einmal diese Welt verlassen muß, sondern ein Raum, eine Bleibe, in der er geborgen ist. So wie hier auf der Erde ein Heim Sicherheit, Schutz, Wärme und Angenommensein vermittelt, so gibt Christus seinen Kindern ein neues Zuhause. Sein irdisches Leben hatte nur dieses eine Ziel: „Damit ihr seid, wo ich bin." Dafür hat er gelitten und den Tod am Kreuz erduldet. Jeder wird erwartet, jeder ist ihm willkommen!

Geschichte:

Tobias, ein kleiner Junge, geht häufig mit seiner Mutter ins Krankenhaus, um den kranken Vater zu besuchen. Dabei kommen sie immer an einem großen Haus mit einem Turm vorbei. Es hat eine breite Treppe und hohe bunte Fenster. „Da müssen reiche Leute wohnen", denkt Tobias. Einmal kommen sie daran vorbei, als es schon dunkel wurde. Die Fenster der Kirche waren hell erleuchtet. Tobias zieht seine Mutter am Rock: „Schau mal, wie schön das aussieht. Weißt du, wer dort wohnt?" „Da wohnt der liebe Gott", sagt die Mutter. Tobias verschlägt es fast den Atem, er hatte gar nicht gewußt, daß der liebe Gott so nah bei ihnen wohnt.

Ein anderes Mal sieht er, daß einige Leute die Stufen zum Hause Gottes hinaufsteigen. Er überlegt, ob Gott sie alle eingeladen hatte. Er würde ja auch den lieben Gott besuchen und sich sein Haus ansehen. Und dann ist es soweit: Nach dem Kindergarten macht er einen Umweg zum Markt und zur Kirche. Sein Herz hämmert ganz laut, als er alleine die Stufen hinaufsteigt. Aber an der Tür ist keine Klingel. Er klopft, erst leise, dann lauter und schließlich sogar mit der Faust, aber nichts rührt sich, die Tür ist verschlossen, und niemand macht auf. Er wartet noch eine Weile, dann geht er enttäuscht nach Hause. Er wollte den lieben Gott besuchen, aber der war nicht zu Hause.

Wenn Jesus von „vielen Wohnungen" spricht, dann muß es schon ein „großes Haus" sein, das er vorbereitet hat. Das meint doch, daß andere Christen dort auch ihre Heimat finden. Jeder wird Nachbarn haben und das Wohnrecht mit anderen teilen. Vielleicht werden viele dort sein, die keiner erwartet hätte, und viele nicht dort wohnen, mit denen man gerechnet hätte.

Jesus beginnt seine Rede mit „euer Herz erschrecke nicht und fürchte sich nicht". Er weiß, wieviel Furcht im Herzen ist im Blick auf den Tod. Deshalb muß sich niemand schämen. Jeder muß diesen Weg ja ganz allein gehen. Niemand ist zurückgekommen und hat gesagt: „So ist es." Nur Jesus Christus, der Herr und Heiland weiß, wie es weitergeht. Er gibt sein Wort: „Ich komme und will euch zu mir nehmen." Christen haben ein Zuhause in der Ewigkeit, und sie werden von Gott persönlich erwartet – eine wirklich gute Aussicht.

21. Ich werde gern alt!

Psalm 71

Vorbemerkung:

„Das kann nur einer sagen, der keine Ahnung davon hat, dem es gesundheitlich, finanziell und mitmenschlich bestens geht...", kann man empört erwidern. Diese evtl. innere Abwehr sollte dazu führen, daß man sich behutsam auf den Weg zu diesem Thema begibt.

Einleitung:

Rätsel: Alle wollen es werden, keiner will es sein. Was ist das? (alt)

Was fällt euch ein, wenn ihr an „altwerden" denkt?

— häßlich
— behindert
— schlecht sehen
— schlecht gehen
— schlecht hören
— müde sein
— Schmerzen haben
— einsam sein
— knapp bei Kasse
— unnütz
— auf andere angewiesen

Es werden meistens nur negative Dinge genannt. Was wäre Positives zu nennen?

— erfahren
— geduldig
— abgeklärt
— weise

— verläßlich
— gleichbleibend
— verständnisvoll
— Zeit haben
— sich nicht mehr beweisen oder profilieren müssen...

Alter: Der Zeitraum, der seit Entstehung eines Organismus verflossen ist.
Die Medizin: Der Mensch altert seit seiner Geburt, denn es sterben ständig Zellen ab, die in der Form nicht mehr neugebildet werden. Bemerkbar macht sich das erst in fortgeschrittenen Jahren: die Elastizität der Haut läßt nach, Glieder versteifen.

Altsein hat sich in den letzten 25 Jahren drastisch verändert: Früher war ein 70- oder gar 80jähriger wirklich alt, man sah ihm das auch an der Kleidung an. Ich kenne meine Großmutter nur in dunkler Kleidung, höchstens mit weißen Pünktchen. Heute werden die Leute nicht nur erheblich älter, sie sind auch länger fit und gesund, dank der medizinischen Hilfen. Sie sind besser finanziell abgesichert, sie sind heute interessierter am Geschehen, weil sie durch die Medien weltweit unterrichtet werden.
Dagegen gelten alte Menschen in der heutigen Gesellschaft manchmal nicht viel. Sie sind nicht mehr (wie früher) in den Familien integriert. Deshalb sind sie oft einsam und unsicher.

Gespräch:

Trotzdem: Alle werden alt! Was heißt nun aber „gerne alt werden"? „Gern" = etwas mit Freude tun, ja sagen zu seinem Weg, annehmen, was kommt. Wie müßte es sein, daß man gern alt wird?

Holzwege:

a) Gesund sein, schön wohnen, genug Geld haben, liebe Kinder, nette Nachbarn. Wenn man diese Bedingungen ansieht, so sind das alles sehr wandelbare, unbeständige Faktoren, von denen das „gern" abhängen würde.

b) Es gibt Senioren, die kleiden sich wie die jungen, sie benutzen Redewendungen, die sie von jungen Leuten hören. Sie treiben

Sport bis zum Umfallen — nur um sich und anderen zu beweisen, daß sie ja noch gar nicht alt sind. Das kann es auch nicht sein!

c) Es gibt Senioren, die stets ein griesgrämiges Gesicht machen, eine leidende Miene. Sie reden nur von Defiziten, vom schlechten Schlafen, von ihren Krankheiten. Das sind Menschen, die ihr „Altwerden" nicht annehmen.

Aus Gottes Hand:

Beim „Annehmen" muß man fragen: Von wem nehme ich etwas an? Es muß jemand sein, der mehr vermag als ein Mensch, der außerhalb dieser vergänglichen Welt ist, einer, der Ziel und Weg weist: Gott. Nur wenn einer seinen Weg aus Gottes Hand annimmt, dann wird er den Mut finden, auch dunkle, unbekannte Wegstrecken vertrauensvoll zu betreten.

Wer so den Weg ins Alter geht, dem bieten sich ganz neue Chancen. Man darf ganz einfach genießen, die Seele baumeln lassen. Keiner muß immer einen Strickstrumpf in der Hand haben, um zu beweisen, wie tüchtig er noch ist, oder ein schlechtes Gewissen haben, wenn er einmal nichts tut.

Wer alt ist, kann zurückschauen. Er hat schon einen langen Weg hinter sich, wie bei einer Bergwanderung. Man sitzt auf einer Bank und schaut zurück. Da ist die Frage: Soll man sitzen bleiben, bis die Sonne untergeht, oder wirklich den Gipfel, das Ziel erreichen?

Loslassen lernen: Ein älterer Mensch hat viel Erfahrung gesammelt, auch Lehrgeld bezahlt. Er möchte weitergeben aus dem Schatz seiner Kenntnisse, aber vielleicht will sie keiner hören. Jeder Mensch muß seinen eigenen Weg suchen und seine eigenen Erfahren machen. Also läßt man den Jungen ihr Anderssein, ihre Musik, ihre Vergnügungen.

Festhalten lernen: Eigentlich kann das ein Mensch von klein auf: Ob es der Finger der Mutter ist, ein Spielzeug, eine Meinung oder ein Amt, ein ganzes Leben lang wird festgehalten. Dabei weiß jeder, daß nichts aus dieser Welt Dauer besitzt.

Die Bibel sagt: Halt fest am Wort des Lebens (Philipper 2,16). Das Wort Gottes ist nicht aus dieser Welt. Den Glauben an Jesus Christus, den gilt es festzuhalten mit aller Kraft.

„Ich werde gerne alt", das kann man manchmal nur ganz leise und mit zitternder Seele sagen. Aber: Wenn ich nun schon alt werde, dann will ich auch das Beste daraus machen: „ja" sagen zu Gottes Weg, mich fest an ihn halten und auf ihn warten.

Biblischer Bezug:

Ich bin ein Gast auf Erden. Bitte um Gottes Hilfe im Alter.
Psalm 71

Entscheidend für eine Hilfe ist immer, daß der Bittsteller den richtigen Ansprechpartner findet.

V.1: Herr
V.4.5: Herr, mein Gott
V.12.17.19: Gott, V.22: Du Heiliger Israels

Die Schwierigkeiten:

V.4: Menschen machen ihm das Leben schwer
V.10: Menschen reden über und gegen ihn
V.9.18: Altersbeschwerden
V.20: Dunkelheit und Angst der Seele

Der Hilferuf:

V.1: Laß mich nicht zuschanden werden
V.2. 4: Hilf mir heraus
V.9: Verwirf mich nicht, verlaß mich nicht
V.12: Sei nicht ferne

Glaubensgewißheit aus Erfahrung:

V.5: Jugenderlebnisse
V.6.7: Schon die Geburt ein Wunder
V.15: Erlebte Wohltaten

Volles Vertrauen:

V.19: Du tust große Dinge
V.21: Du tröstest mich
V.19-21: Du machst mich lebendig, holst herauf, machst mich groß

Noch eine Aufgabe:

V.16: Seine Gerechtigkeit preisen
V.17: Seine Wunder verkündigen
V.18: Seine Kraft und Macht verkündigen den Kindern
V.22: Danken und Lobsingen
V.23: Fröhlich sein

22. Viel Glück

Psalm 27,4

Vorbereitung:

Jeder bringt eine oder mehrere Glückwunschkarten mit, die man zum neuen Jahr oder zum Geburtstag verschickt.

Einleitung: Wenn ein neues Lebensjahr oder ein neues Jahr beginnt, spielt das „Glück" und „Glück wünschen" eine besondere Rolle. Das Wort „Glück" wird als Gruß auch als „Glück auf!" benutzt, das ist der Bergmannsgruß, oder als „Glück ab!", das ist der Fliegergruß, oder einfach als „Glück zu!" Die mitgebrachten Kartenwünsche werden vorgelesen. Vermutlich steht das Wort „Glück" wiederholt darauf.

Gespräch:

Wortverbindungen: Das Wort „Glück" wird im Alltag mit vielen anderen Worten verbunden, z. B.
Glücksfall, Glücksbringer, Glücksklee, Glückskind, Glückssache, Glückssträhne, Glückszahl, Glückspilz, Glücksspiel usw.
glücklich, glücken
Glückshand = Orchideenknollen, die Glück bringen sollen, wenn sie am Johannistag eingegraben werden
Glückshaube = wenn ein Kind mit einem Teil der Fruchtblase auf dem Kopf geboren wird. Ist das ein Glückszeichen?

Was ist gemeint, wenn man einander „Glück" wünscht? Auf den Karten tauchen zusammen mit Glück auch andere Begriffe auf, z. B.
Gesundheit, Erfolg, Freude, Friede, alles Gute, alles Liebe, daß alle deine Wünsche in Erfüllung gehen, Segen.
Der Wunsch ist abhängig von der Person, der man damit etwas Gutes tun möchte, obwohl die Erfüllung aller Wünsche nicht un-

bedingt etwas Gutes ist. Aber der Wunsch „Glück" besagt, daß der Adressat fröhlich, zufrieden, selig usw. sein möge. Bei der Verwirklichung spielt oft eine Portion Zufall mit!

Sprüche vom „Glück":
Glück und Glas – wie leicht bricht das!

Der Mensch wünscht sich ganz unaussprechlich,
daß Glück und Glas sei unzerbrechlich.
Der Wissenschaft gelingt das leicht –
beim Glas hat sie's fast schon erreicht!

Willst du glücklich sein im Leben,
trage bei zu andrer Glück.
Denn die Freude, die wir geben,
kehrt ins eigne Herz zurück.

Man merkt selten, was Glück ist,
aber man spürt meistens, was Glück war.

Das Glück wohnt nicht im Besitz,
sondern in der Seele.

Glücklich ist, wer vergißt,
was nicht mehr zu ändern ist.

Biblischer Bezug:

1. Mose 39,2.23: Josef wurde ein Mann, dem alles glückte. Er wurde von Gott geführt. Alles, was er tat, dazu gab der Herr Glück.
5. Mose 30,9: Wenn du ihn wählst und dich zu ihm bekehrst, wird der Herr, dein Gott, dir Glück geben zu allen Werken deiner Hände.
5. Mose 28,29: Wenn du ihm gehorchst, wirst du Segen haben, wenn nicht, wirst du auf deinen Wegen kein Glück haben.
Sprüche 16,20: Wer aufs Wort merkt, der findet Glück. Wohl dem, der sich verläßt auf den Herrn.
Prediger 9,11: Alles liegt an Zeit und Glück (Zufall).
Sacharja 4,7: Glück zu beim Tempelbau!

Psalm 122,6.7: Wünschet Jerusalem Glück, Glück sei in den Mauern und Friede.

Psalm 73,12: Die Gottlosen sind glücklich in der Welt und werden reich.
Johannes 10,10: Jesus spricht: Ich bin gekommen, daß sie das Leben und volle Genüge haben sollen.
Matthäus 5,3 ff.: Selig sind (glücklich sind) ...

Das Wort „Glück“ kommt im Neuen Testament nicht vor, weil Jesus die Seligkeit verheißt, und in der Offenbarung der Person Jesu findet sich die Lösung aller Sehnsüchte.

Manche Bibelübersetzer haben das Wort „selig“ in der Bergpredigt mit „glücklich“ übersetzt. Glücklich, das ist aber immer nur eine mehr oder weniger lange „Augenblickssache“. Es hält nie lange an, und in dieser Zeit ist der Mensch wohl auch wunschlos. Er meint, alles zu haben, z. B. wenn er verliebt ist.

Andacht:

Eines bitte ich vom Herrn, das hätte ich gern: Daß ich bleiben möge im Hause des Herrn mein Leben lang. Psalm 27,4

Diese Bitte äußert ein König, David! Er hat diesen Psalm in großer Not geschrieben, Not, in der er selbst und sein ganzes Volk sich befand. In solcher Zeit gibt es eine Menge drängender Probleme in Politik und Wirtschaft, in Schulen und Familien. Da mag es großes Leid und viele Wünsche gegeben haben. David hätte sicher leicht zwanzig oder mehr Bitten vor Gott tragen können, eine wichtiger als die andere. Doch er betet: „Eins bitte ich vom Herrn, daß ich im Hause Gottes bleiben möge!“

Da fragt man beschämt, wie das eigene Beten aussieht. Was hat nicht jeder alles auf dem Herzen: Gesundheit, Bewahrung, Hilfe im Alltag, gutes Wetter, bis hin zum Gelingen eines Kuchens! Ganz bestimmt darf man dem himmlischen Vater alles sagen, große und kleine Dinge. Er hört und erhört gerne. Luther hat einmal gesagt: Wir dürfen zu ihm kommen „wie die lieben Kinder zu ihrem lieben Vater“. Und immer wieder merkt man, wie Gott hilft und Gelingen schenkt.

Wie wichtig die Konzentration auf das ist, was Gott sagt, schildert die Bibel wiederholt in verschiedenen Bildern:

- daß einer Jesus Christus gewinnt wie der Kaufmann, der alles verkaufte um der einen köstlichen Perle willen.
- daß einer auf sein Wort hört wie Maria beim Besuch Jesu in Bethanien.
- daß einer bei ihm bleibt ein Leben lang.

Glück heißt nicht zu allererst, keine Wünsche mehr zu haben. Glück ist, ein Ziel zu haben und zu erreichen.
Wer sich auf ihn verläßt, wird von seinem Glück nichts verpassen.
Jesus drückt es einmal so aus: Ich bin gekommen, daß sie das Leben und volle Genüge haben! Johannes 10,10

23. Ein neues Jahr beginnt!

Johannes 1,1

Kreativangebot:

Wer hat heute mit irgend etwas neu begonnen? Wer fängt an?

Um die Frage zu beantworten, könnte man folgendermaßen vorgehen:
- der oder die Älteste beginnt
- der zuerst gekommen ist, fängt an
- der erste im Alphabet (Anfangsbuchstaben) beginnt

Welche anderen Sprüche gibt es, um den anderen zum Anfangen zu motivieren?
- Komm in die Puschen!
- Mach zu!
- Beeil dich!
- Entschließ dich endlich!

Gespräch:

Was ist ein Anfang?
- etwas Neues beginnen
- das Alte noch einmal wiederholen
- eine Zäsur machen
- Gewesenes zurücklassen
- sich neu orientieren
- nach vorne schauen
- etwas wagen

Ein Anfang weist immer auch auf ein Ende hin, z. B. Start — Ziel, Quelle — Mündung, Geburt — Tod.

Biblischer Bezug:

1.Mose 1,1: Am Anfang schuf Gott
Psalm 111,10: Die Furcht des Herrn ist der Weisheit Anfang
Johannes 1,1: Am Anfang war das Wort
Hebräer 2,3: Heil, das seinen Anfang nahm mit der Predigt
Offenbarung 21,6: Ich bin der Anfang und das Ende

Andacht:

Am Anfang war das Wort. Johannes 1,1

Welches Wort? Gottes Wort: Es werde! Es ist der Anfang, den Gott mit den Menschen gemacht hat. Ohne Gottes Wollen und Handeln läuft auf der Erde nichts, auch wenn vieles von selbst zu funktionieren scheint.

Das Wort ist der Anfang auch im Leben eines Menschen. Damit beginnt die Kommunikation, das Gegenüber zu Gott, die Teilnahme am Leben überhaupt. Mit dem gesprochenen oder gedachten Wort beginnen die meisten Taten.

Es fängt an.
Es gibt Dinge, die keiner beeinflussen kann. Ohne persönliches Zutun und Wollen fangen sie einfach an. Menschen werden geboren, ohne daß sie gefragt werden. Die Jahreszeiten wechseln, ohne sich nach dem Kalender zu richten. Der Frühling beginnt einmal früher, einmal später. Was läßt sich dagegen tun, daß schon wieder ein neues Jahr geschrieben wird? Vielleicht ist es im alten gut gelaufen, und es hätte noch lange so weitergehen können. Vielleicht hatte einer aber Pech und hätte das Jahr gerne früher abgehakt. Aber da ist nichts zu machen, das Jahr beginnt, wenn die Zeit da ist. Es fängt an.

Anfangen:
- Es gibt eine Menge Dinge, deren Beginn man in der Hand hat: z. B. den Schulanfang,
- den Berufsweg,
- den Beginn einer Ehe.

Auch viele andere Dinge der Alltags- und Lebensgestaltung liegen im persönlichen Ermessen, z.B. Freundschaften, Reisen, Freizeitgestaltung. Man fängt damit an oder läßt es sein. Dem Entschluß: Wir fangen an, geht (hoffentlich) eine Überlegung voraus, ob man es denn auch zu Ende bringen können und das angestrebte Ziel erreicht wird. Abgebrochene verheißungsvolle Wege sind nicht nur unbefriedigend und deprimierend für einen selbst, andere sind mit betroffen.

Gott fängt an.
Das erste Buch Mose beginnt mit den Worten: Am Anfang schuf Gott. Ohne diesen Anfang sind die beiden anderen Anfänge (es fängt an, wir fangen an) gegenstandslos. Sein Anfang mit der Welt ist der Beginn des Daseins. Daß Gottes guter Plan nicht so gut weiterging, lag nicht an ihm. Die Menschen fingen mit der Sünde an. So große Möglichkeiten hat Gott den Menschen gelassen. Doch was er sich einmal vorgenommen hat, das führt er auch weiter. So bietet Gott immer wieder einen neuen Anfang. Er fängt mit Noah neu an, mit Abraham, mit Mose. Die Geschichte Israels beweist das durch viele Jahrhunderte. Zuletzt bietet er seinen Sohn an als Rettung aus der Sünde.

Welche Liebe muß Gott zu den Menschen haben, daß er immer wieder neue Möglichkeiten schafft. Gott will den Menschen helfen, damit sie aufhören können mit dem alten Trott, dem mißlungenen Versuch, sich selbst aus Sünde und Schuld zu befreien. Wer seiner Einladung folgt und mit Jesus Christus neu anfängt, für den beginnt ein ganz neues Leben: Schuld wird vergeben, Friede und Freiheit geschenkt.

Es liegt auch an jedem persönlich, zu entscheiden, ob er sich in seinem Leben von Gott finden läßt. Da wird es dann heißen: „Er fängt mit mir an, und ich will meinen Weg mit Gott neu anfangen."
Mit manchen Dingen kann man nichts mehr anfangen, wenn die Zeit verpaßt ist, z. B. mit einer Freundschaft, die man ausgeschlagen hat, aber mit Gott neu anfangen, das kann man jederzeit.

„Ich bin der Anfang und das Ende", sagt Gott (Offenbarung 21,6). Für die Wegstrecke, die zwischen diesen beiden Polen liegt, muß man sich dann keine Sorgen mehr machen. Er hält fest und wird sicher ans Ziel bringen.

Es ist schön zu leben,
weil Leben Anfangen ist —
immer, in jedem Augenblick.
Cesare Pavese

24. Hände

Psalm 139,5

Vorbereitung:

Jeder bekommt ein Blatt Papier und einen Stift. Für das Tastspiel benötigt man fünf oder sechs verschiedene Geldstücke.

Einleitung:

Variante 1:
Die Teilnehmer werden ermuntert, pantomimisch zu zeigen, was man mit den Händen alles ausdrücken kann: Begeisterung, Freude, Angst, Abwehr, Verzweiflung. Entweder erraten die anderen die Darstellung eines einzelnen, oder alle machen auf Vorschlag diese Bewegung. Wie gut man sich mit „Händen und Füßen" verständigen kann, führen kleine Kinder vor, die auch ohne Worte alles bekommen, was sie möchten.

Variante 2:
Was unsere Hände können: Ein Baby entdeckt zuerst seine Finger und spielt damit. Die Mutter hilft dabei mit Fingerspielen, wobei sie immer auf den entsprechenden Finger zeigt: Das ist der Daumen, der schüttelt die Pflaumen, der liest sie auf, der trägt sie nach Hause, und dieser Kleine ißt alle alleine auf!

Gespräch:

Jeder schaut auf seine Hände und bewegt sie. Die Hände werden gestreckt, gespreizt, gekrallt, geballt, gestreichelt ... Es wird überlegt, was sie alles sonst noch tun können: arbeiten, zeigen, drücken, schlagen, ziehen, tasten, beten.

Kreativangebot:

Alle halten die Hände unter den Tisch. Dann werden fünf oder sechs Münzen (unterschiedliche Geldstücke: 5,00 DM, 2,00 DM, 0,50 DM usw.) unter dem Tisch von Hand zu Hand weitergegeben. Jeder versucht, ihren Wert zu ertasten. Jeder zählt in Gedanken die Summe zusammen und schreibt den ertasteten Betrag auf. Es ist erstaunlich, wie unterschiedlich die Beträge sind, obwohl jeder täglich mit diesen Münzen umgeht.

Begriffe zum Thema „Hand" sammeln:
eine offene Hand haben – großzügig sein
Hand in Hand – etwas gemeinsam tun
Handarbeit – selbstgearbeitet, wertvoll

Was Hände ausdrücken können: Jeder Teilnehmer erhält ein Blatt Papier vor sich auf den Tisch. Nun legt jeder die linke Hand darauf und zeichnet mit der rechten den Umriß. Jeder hat seine linke Hand nun vor sich. In Kleingruppen werden die Hände betrachtet und verglichen.

Bilder über Hände:
- die betenden Hände von Dürer
- Kinderhand in Mutterhand
- „Geborgenheit" von Barlach
- „Geborgenheit" von Dorothea Steigerwald.

Alle diese Hände sagen etwas aus. Die Aussagen werden zusammengetragen.

Andacht:

Du hältst deine Hand über mir. Psalm 139,5

Der Psalmist stellt fest, daß es keine Möglichkeit gibt, sich vor dem Herrn zu verbergen. Er ist von allen Seiten umgeben von Gott. Bedeutet das Angst oder Geborgenheit? Wenn Gott seine Hand über einen Menschen hält, heißt das in jedem Fall: Er segnet ihn. Segen verbinden die meisten mit Begriffen wie Fülle, Glück, Reichtum, Bewahrung. Eigentlich hängt es mit dem lateinischen Wort „signare" (zeichnen) zusammen. Menschen zeichnen das, was ihnen gehört: Ein Buch oder ein Tier (sogar mit Stempel).

Wenn Gott die Hand auf einen Menschen legt oder die Hand über ihn hält, dann bedeutet das auch: Du gehörst mir. Das ist Segen im tiefsten Sinn. Es beinhaltet Schutz (4. Mose 6,24), Frieden (Psalm 29,11), Fülle (Hiob 1,10). Manchmal spricht man auch davon, daß jemand die Hand über einen bestimmten Menschen hält. Damit ist gemeint: Er kümmert sich um ihn, fördert ihn, vertritt ihn gegenüber anderen. Das will Gott bei jedem tun. „Von allen Seiten umgibst du mich und hältst deine Hand über mir" — welch eine Geborgenheit.

Gebet:

(Im zweiten Teil dieses Gebetes, wenn von unseren Händen die Rede ist, kann man die einzelnen Aussagen mit den entsprechenden Handbewegungen begleiten, wenn man den Text dazu langsam und mit Pausen vorliest.)

Herr,
du hältst deine Hand über mir,
dafür danke ich dir von Herzen.
Sie ist größer, als ich begreifen kann,
sie ist mächtiger und zuverlässiger,
als ich mir vorstellen kann.
Sie trägt und hält mich bei dir,
ich lobe und preise dich dafür!

Herr,
hier sind meine Hände,
nicht sehr groß,
nicht sehr stark,
aber ich wende sie dir zu:
Lehre sie das Tragen und Segnen,
das Festhalten und Loslassen zur rechten Zeit.

Öffne meine Fäuste,
daß sie Schalen werden,
die deine Barmherzigkeit empfangen können,
die sich falten
zur Fürbitte für andere
und zum Dank und Lobpreis deiner Liebe.
Ich lege sie in deine Hand.

25. Unterwegs

Markus 10,32-34

Vorbereitung:

Das Bild vom „Passions-Ei“ (siehe Kopiervorlage S. 104) sollte für jeden Teilnehmer kopiert werden.

Einleitung:

Bildbetrachtung Passionsbild. Man kann darauf den Weg der Passion verfolgen. Was ist zu erkennen? Wo haben die einzelnen Symbole ihren Platz in der Passionsgeschichte:

Hahn: Verleugnung (Matthäus 26,74)
Kreuz: Jesus starb am Kreuz (Johannes 19,17)
Dornenkrone: (Johannes 19,2)
INRI-Schild: (Johannes 19,19)
Sonne: verfinstert (Lukas 23,45)
Geißel: Marterinstrument (Johannes 19,1)
Zange, Hammer, Nägel: Kreuzigung (Johannes 19,18)
Leiter: Kreuzabnahme (Johannes 19,38)
Kleid: darum wurde gewürfelt (Matthäus 27,3)
Schwert: damit wurde Ohr abgehauen (Matthäus 26,51)
Kanne: Fußwaschung/Abendmahl (Johannes 13)
Ysop-Rohr und Schwamm: (Johannes 19,29)
Baum: Vergleich mit Christus, Baum des Lebens, Kreuzesbaum, Lebensbaum

Ein Weg durch die Passion:
Warum sind diese Passionsgegenstände von einem Ei umhüllt?
Das Ei ist das Sinnbild für Leben, es wird hervorbrechen, es wird siegen!

INRI

Gespräch:

Der Passionsweg war ein schwerer Weg, auch für Jesus.
Wer erinnert sich an einen Weg in seinem Leben, der ihm schwer wurde, Angst machte, ungewiß war?
Durch wen hat er auf diesem Weg Hilfe erfahren?
Wie sieht man heute diesen Weg in der Erinnerung?
— wie einen Alptraum
— wie eine wichtige Erfahrung
— wie ein Geschenk

Vielleicht finden sich einige, die über einen solchen Weg im eigenen Leben sprechen. Das kann für alle eine Hilfe sein.

Text: Markus 10,32-34
Jesus und seine zwölf Jünger sind unterwegs. Nach der wundersamen Brotvermehrung sind es wohl Tausende gewesen, die ihm nachfolgten. Es ist geradezu eine Volksbewegung, es ist „in", zu Jesus zu gehören. Das ist aber wohl nur eine Seifenblase. Denn nach seiner harten Rede: „Ich bin das Brot des Lebens! Ohne mich geht es nicht!" gehen viele seiner Jünger nicht weiter mit. Jesus geht ihnen zu weit.

Und Jesus fragte die Zwölf: „Wollt ihr auch weggehen" (Johannes 6,67)? Jesus bettelt nicht, beschwört niemanden. Die Zwölf bleiben und sind nun auf dem Weg nach Jerusalem. Das Lachen ist ihnen vergangen, sie entsetzen sich und fürchten sich. Warum?

Schon zweimal hatte Jesus angedeutet, was auf ihn zukommen wird. Leiden, sterben und am dritten Tag auferstehn. Das verstehen sie nicht. Vielleicht haben sie es auch gerne überhört, von sich weggeschoben. Sie denken bei sich, das hat hoffentlich noch viel Zeit, und dann, dann schaun wir mal! Im Blick auf Jerusalem und das Fest war es ihnen mulmig geworden, vielleicht wurden ihre Schritte langsamer und zögerlicher. So stellten sie sich Nachfolge nicht vor.

Wie half Jesus ihnen? Er nahm die Zwölf zu sich. Da klingt viel Liebe mit! So ist es in seiner Schule: Er müht sich um jeden. Keiner soll zurückbleiben, jeder das Klassenziel erreichen.

Er sagt ihnen die ganze Wahrheit und verschweigt das Negative nicht.

Bei den Menschen heute ist das anders: Wenn sie für etwas werben oder etwas verkaufen wollen, z. B. eine Reise, dann schildern sie das in den leuchtendsten Farben: wunderbare Landschaft, vorzügliches Essen, herrliche Ruhe. Später stellt sich heraus, daß die Reise viel zu teuer ist! Oder ein Auto: Wie schnell es fährt, wie bequem die Sitze sind, wie sparsam der Benzinverbrauch. Auf Nachfrage wird erst bekannt, daß es leider einen Unfall hatte oder die Spur nicht exakt hält. Manchmal nimmt man bewußt zu Unklarheiten Zuflucht, damit der andere überredet wird.

Jesus läßt niemanden über seinen Weg im unklaren: Wie schändlich man ihn aburteilen wird, wie sehr er leiden muß und schließlich sogar sterben. Aber auch, daß er am dritten Tage wieder auferstehen wird. Damals scheinen seine Worte zu extrem, zu einseitig, so daß viele nicht weiter mitgehen. Die Leute sind nicht zu Feinden geworden, aber so ausschließlich nur Jesus, das wollen sie nicht.

Gottes Wort spiegelt auch die heutige Situation wider: Man engagiert sich für Frieden, Abrüstung, Asylanten, setzt sich ein für Freiheitsbewegungen in Amerika oder in Afrika. Man kämpft für die Regenwälder, demonstriert gegen Atomkraft usw. Das sind gute Ziele, aber: Stimmt der Beweggrund? Ist solches Engagement etwa nur ein Ausweichen vor dem eindeutigen Wort: „Ich bin der Weg"? Ist die Kirche nicht nur für alle, sondern leider für alles offen? Man pflegt Wandergruppen, Spielgruppen, Tanz- und Sportgruppen, Yoga und vieles andere mehr. Dabei hat die Kirche, haben die Christen doch nur ein Programm: Gehet hin in alle Welt und lehret alle Völker.

Wenn Jesus redet, muß man bis zum Ende zuhören, sonst verpaßt man das Wichtigste: Und am dritten Tage wieder auferstehen! Noch etwas Tröstliches für den Weg in der Nachfolge: Jesus geht den Jüngern voran. Sie waren nicht allein auf dem schweren Weg. Sie mußten nur immer hinter ihm hergehen. So einfach kann Nachfolge sein!

Persönliche Stille:

Ist mein Engagement für Christus in seinem Auftrag? Oder ist es ein Ersatz für das, was ich eigentlich tun sollte? Denke ich nur an mein eigenes Programm und erwarte von Gott Zustimmung? Bin ich überhaupt noch auf dem Weg „nach Jerusalem"?

Meditation zur Passion

(Diese Meditation könnte am Ende jeder Zusammenkunft in der Passionszeit mit verteilten Rollen gelesen werden, etwa vor einem Kreuzbild.)

Lesung: Jesaja 53,3-8

1: Wer ist das, von dem der Prophet solches sagt?

2: Es ist Jesus Christus, der Mann am Kreuz.

1: Was hat er getan?

3: Er hat Kranke geheilt.

4: Er hat Tote auferweckt.

5: Er hat Blinde sehend gemacht.

2: Er hat Kinder gesegnet.

3: Er hat Hungrige satt gemacht.

4: Er hat Menschen in seine Nachfolge gerufen.

1: Und darum mußte er sterben?

2: Ja, darum. Weil die Menschen sich selbst nicht helfen konnten, hat er es getan.

5: Weil die Menschen den Weg zurück zu Gott nicht mehr fanden, ist er den Weg für sie ans Kreuz gegangen.

1: Und die, die ihm nachfolgten?

3: Petrus hat ihn verleugnet – aber er hat ihn nicht weggeschickt.

4: Die Jünger haben ihn alle verlassen – aber er hat sie wieder zusammengeholt.

5: Thomas ist enttäuscht zu Hause geblieben – aber er ist extra zu ihm gekommen.

2: Seine Feinde haben ihn verspottet und gekreuzigt – aber er hat für sie gebetet.

3: Er hat nicht aufgehört, sie alle zu lieben.

1: Und darum mußte er sterben?

2: Ja, darum. Er war gehorsam bis zum Tod am Kreuz für uns.

STILLE

5: Wir wollen dir danken, Herr, daß du uns damit den Tod erspart hast.

4: Wir wollen zu dir stehen – aber manchmal schämen wir uns deiner.

3: Wir wollen bei dir bleiben – aber manchmal ist das Böse in uns stärker als das Wollen.

2: Manchmal verstehen wir den Weg nicht, den du uns führst.

1—5: Aber wir wollen dir vertrauen.

2: Herr, du hast uns gerufen, du hast uns lieb, du verläßt uns nicht! Darum danken wir dir heute und alle Tage.

Alle: Vater unser ...

26. Ein Kreuz mit dem Kreuz!

1. Korinther 1,18

Vorbereitung:

Für jeden Teilnehmer werden Papier, Bleistift, Streichhölzer und etwas Wasser, außerdem eine Kopie der verschiedenen Kreuzformen benötigt. Für die Meditation ein Stehkreuz o.ä.

Einleitung:

Das Wort „Kreuz" wird im Deutschen in verschiedenen Zusammenhängen verwendet:

— Eine Absicht ist durchkreuzt worden.
— Es ist ein Kreuz – z. B. eine chronische Krankheit.
— Es wird durchkreuzt, was ungültig gemacht werden soll.
— Mir tut das Kreuz weh – d. h. ich habe Rückenschmerzen.
— Hinter dem macht man drei Kreuze – man ist froh, daß er weg ist.

Der Mensch selbst hat eine Kreuzstatur, in Höhlenzeichnungen findet sich manchmal dieses Symbol für den Menschen, aufrecht stehend mit ausgebreiteten Armen.

So kann aber auch eine Gebetshaltung sein: frei, kraftvoll, auch schutzlos, aber offen und bereit für Gottes Gaben.

Gespräch:

Kreuze sind Symbole, Zeichen, die an etwas erinnern, die Assoziationen wecken.

Welche Kreuze sind aus dem Alltag bekannt?
Die Kreuze, die den Teilnehmern einfallen, werden auf ein Blatt Papier gezeichnet.

Das vierspeichige Radkreuz ist ein vorchristliches Symbol für Licht und Sonne. Es bedeutete bei Kelten und Germanen Licht und Leben. In der christlichen Kunst erinnert es an Jesu Erlösung und Herrschaft in der Welt.

Die heutigen Christen verbinden „Kreuz" zuerst mit Jesu Tod. Das gleichschenklige griechische Kreuz war für die frühen Christen eher ein Siegeszeichen über die gesamte Welt mit ihren vier Himmelsrichtungen.

Das lateinische Kreuz mit langer Längsachse wird auch Lanzenkreuz genannt. Es erinnert daran, daß es zu kämpfen gilt gegen das Böse in der Welt. Andere sehen darin den Hirtenstab Jesu.

Das Ankerkreuz im Wappen einer Stadt bedeutete einen guten Hafen. Es steht für Hoffnung und Geborgenheit.

Das Andreaskreuz vor Bahnübergängen. Es erinnert an das Marterholz des Apostels Andreas.

Das russisch-orthodoxe Kreuz mit den beiden zusätzlichen Balken weist (so eine Auslegung) auf die beiden Schächer hin, von denen einer gerettet wurde, der andere abgewandt „verdreht" starb. Eine andere Deutung besagt, daß es sich um das INRI-Schild und ein Fußholz für den Gekreuzigten handelt.

Das Gabel- oder Baumkreuz. Im Mittelalter begann man das Kreuz mit dem Symbol des Baumes zu verbinden, zum Gedenken an die beiden Bäume am Anfang und am Ende der Bibel. In der Mitte der Zeiten Christi Tod am Holz des Kreuzes.

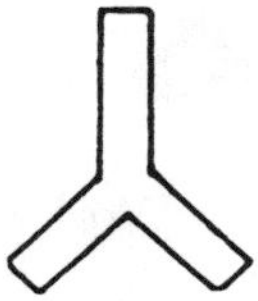

Das Johanniterkreuz war ursprünglich Wappenkreuz des besagten Ritterordens, heute ein Zeichen der helfenden Nächstenliebe an Kranken. Gleichzeitig Grundform aller Ordens- und Ehrenzeichen.

Gammakreuz aus vier freien Winkeln. Beim längeren Anschauen erscheint es durch den schmalen Abstand der Kreuzbalken voller Energie und Lichtfülle.

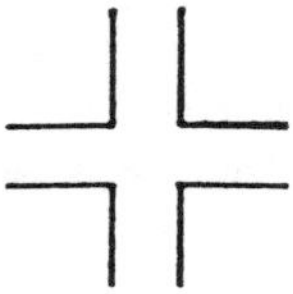

Kein anderes christliches Symbol ist so verbreitet wie das Kreuz: Auf Kirchtürmen, Altären, im Gottesdienst und christlicher Kunst, als Wand- und Halsschmuck. Kreuze sind zwei sich rechtwinklig oder schräg schneidende Balken mit zahlreichen Varianten. Am Schnittpunkt liegt eine betonte Mitte. Sie faßt zusammen und ordnet auch Gegensätzliches, Ganzheit, zusammenhaltende Kraft im Auseinanderstreben unseres Lebens. Göttliches und Weltliches treffen hier aufeinander. Wenn ein Kind bei der Taufe mit dem Kreuzeszeichen gesegnet wird oder ein Kranker, dann werden sie unter Gottes Herrschaftsbereich und Segen gestellt. Schade, daß evangelische Christen diese Hilfe und Wohltat so wenig in Anspruch nehmen.

Kreativangebot:

Jeder nimmt vier Streichhölzer, knickt sie jeweils in der Mitte ein und legt ein Gammakreuz. Auf die Knickstelle werden ein bis zwei Tropfen Wasser getropft – aus dem Kreuz wird ein Stern.

Andacht:

Das Wort vom Kreuz ist eine Torheit denen, die verloren werden; uns aber, die wir selig werden, ist's eine Gotteskraft.
1. Korinther 1,18

Das Kreuz ist das christliche Symbol. Es ist das Zeichen des Gehorsams Jesu Gott gegenüber (Philipper 2,8), des ganzen Gehorsams auf einem Weg menschlichen Jammers bis hin zum bitteren Tode. Jesus ging den Weg freiwillig. Er erniedrigte sich selbst.
Deshalb ist das Zeichen des Kreuzes Zeichen der Versöhnung mit Gott. Gott hat an unserer Statt den Tod erlitten. Er ist für unsere Sünde bestraft (Kolosser 1,20: „daß alles durch ihn versöhnt würde").
Das Kreuz ist das Zeichen der Vergebung und Erlösung von allen Sünden. Frei durch Jesus, angenommen von Gott als seine Kinder (Epheser 1,7: „durch ihn haben wir die Erlösung").
Das Kreuz ist Zeichen des Gerichtes über diese Welt, die ihn an das Kreuz geschrien hat (Matthäus 22,25: „Kreuzige, kreuzige. Sein Blut komme über uns und unsere Kinder").
Darum ist das Kreuz ein Zeichen, das zur Entscheidung ruft. „Eine Torheit denen, die verloren werden, uns aber ..."
Das Kreuz ist mehr als ein Symbol des Todes. Das ist es nur vordergründig, es macht den Weg frei zum Vater. So wird das Kreuz zum Zeichen des Sieges (1. Korinther 15,24: „der Tod ist verschlungen in den Sieg").

Meditation:

Wir stellen das Kreuz für alle sichtbar auf (evtl. auch ein entsprechendes Kreuzbild an die Wand hängen) und lesen die Meditation langsam und mit Pausen:

– Am Kreuz treffen alle Linien zusammen in einer Mitte, die damit zum zentralen Punkt wird.
– Die Querachse erinnert an den Horizont, an diese Welt.
– Wenn man diese Linie mit den Augen und dem Kopf verfolgt, von der einen Seite zur anderen Seite, dann drückt diese Bewegung ein „nein" aus.

— Das Kreuz hat eine zweite Achse, die von oben nach unten die horizontale Linie schneidet.
— Diese Bewegung im Blick ist ein „Ja".
— Es ist das „Ja" Gottes zu einer gefallenen Welt.
— Man kann auch sagen: Aus dem Minuszeichen (Querbalken) wird ein Pluszeichen (Längsachse).
— Die Mitte ist das Wichtigste: Da berühren sich Himmel und Erde.
— Es ist der Platz, an dem Gottes Sohn für uns starb.
— So ist das Kreuz nicht nur ein Zeichen des Leidens und des Todes, sondern ein Beweis der Liebe und Barmherzigkeit Gottes, ein Zeichen des Lebens!

27. Zwischen Wollen und Tun

Lukas 22,54-61

Vorbereitung:

Jeder Teilnehmer benötigt eine Bibel.

Einleitung:

Ein Mann sitzt ganz bekümmert vor einem großen Haufen Kartoffeln, die er in kleine Saatkartoffeln, große Futterkartoffeln und normale Eßkartoffeln sortieren soll. Auf die Frage nach seinem Kummer antwortet er: „Ach, immer diese Entscheidungen!"

Über soviel Kummer lacht man. Aber es ist doch so; jeder Tag ist voll von kleinen und großen Entscheidungen. Das fängt beim Aufstehen an mit der Überlegung:
— Was anziehen?
— Was zuerst tun?
— Was verschieben?
— Was entscheiden?
Sich entscheiden heißt: Sich von einem trennen und sich einem anderen zuwenden. Petrus hat für sich eine Entscheidung getroffen: Er will Jesus nachfolgen mit allen Konsequenzen.

Biblischer Bezug:

Text: Lukas 22,54-61

Was war vorausgegangen? Unmittelbar davor lag die Gefangennahme Jesu. Danach wurde er gebunden weggeführt.

V.54: Es ist ähnlich wie in einem Theater nach einer dramatischen Szene: Das Publikum hält den Atem an, gespannt, wie es weitergehen wird. Auch Petrus sitzt gewissermaßen im Parkett dieses Theaters und wartet ab. Seither haben sich viele neben ihn gesetzt und warten ab, wie sich die Sache mit Jesus Christus entwickeln wird. Daß diese Geschichte dann doch noch an Tempo und Dramatik gewinnt, liegt vielleicht an den zwei letzten Worten des Verses: „von ferne", die gute Nachricht übersetzt: „in weitem Abstand". Kann man Jesus überhaupt „von ferne" folgen? Wer stirbt heute auf der Zuschauerbank?

V.55: Weil Petrus nur von weitem folgt, kommt etwas dazwischen. Menschen stellen sich zwischen Petrus und den Herrn. Das läßt sich bei diesem Abstand nicht vermeiden. In das Haus des Hohenpriesters kam auch nicht jeder so ohne weiteres hinein. Und dann sind da die Kriegsknechte und Mägde, die im Hof ein Feuer unterhalten. Sicher war die Nacht kalt und die Wärme des Feuers verlockend. Manchmal trifft dabei das Sprichwort zu: Wer sich in Gefahr begibt, kommt darin um! Petrus setzt sich dazu. Es ist schwer, „am Mann" zu bleiben.

V.56-60a: Die Angst wächst. Als Petrus sieht, daß Jesus wirklich gefangen ist, gibt er sich selbst auch verloren. Er mischt sich unter die Kriegsknechte, um nicht aufzufallen. Gerade dabei passiert es: Eine kleine Magd, zwei unbedeutende Knechte bringen ihn zur Verleugnung: „Ich kenne den Menschen nicht!" Petrus sagt sich los von seinem Herrn. Was die Angst alles vermag!
Bei welchen Gelegenheiten heult man mit den Wölfen, zwar ein bißchen leiser als die anderen, aber doch so, daß man ein gutes Raubtier vermuten kann? Jeder Mensch hat Angst, das ist weder böse noch verwerflich. Jesus stellt ganz klar fest: In der Welt habt ihr Angst. Das ist also nichts Besonderes. Aber wozu führt die Angst?
Es ist schlimm, wenn die Angst größer ist als das Vertrauen zu Jesus Christus. Bei dem Versuch, sich durchzumogeln, geht alles verloren, der Frieden, die Selbstachtung und die Achtung der Welt.

Dann kommen die Zweifel. Petrus hatte mit großem Elan die Nachfolge Jesu angetreten, hatte alles zurückgelassen, hatte ganz auf Jesus und Gottes Reich gesetzt – jetzt versteht er überhaupt nichts mehr. Wie kann Jesus das mit sich geschehen lassen? Das ist doch grundfalsch! Auf diese Weise kann Gottes Herrschaft nicht kommen! Vielleicht erwartete Petrus, daß Gott seine Engel schicken würde, die Jesus mit Pauken und Trompeten aus der mißlichen Lage befreien. Gott hätte es doch tun können! Und nichts geschieht! Enttäuschung auf der ganzen Linie, Gott greift nicht ein, und Petrus fällt auf die Nase. „Wie kann Gott das alles zulassen?" fragt mancher oder „Warum passiert das gerade mir?" Mancher bleibt verbittert über den Weg, den Gott ihn führt.

V.60: An das, was Jesus Petrus gesagt hatte, erinnert er sich erst wieder, als der Hahn kräht! Ganz plötzlich erkennt er, was geschehen ist. Wie konnte er das tun? Dabei hatte er sich doch ganz fest vorgenommen: „Ich bin bereit, mit dir in den Tod zu gehen" (V.33)! So stark war das Band, das ihn mit seinem Herrn verband – und nun ist es zerrissen!

V.61: Ist das Band wirklich zerrissen? Jesu Blick hält ihn fest. Petrus hätte erwarten können, daß Jesus sagt: „In meinen Augen bist du erledigt." Dagegen wiederholen seine Augen das, was Jesus bereits gesagt hatte: „Ich habe für dich gebetet, daß dein Glaube nicht aufhöre." Trotz der Verleugnung bist du für mich nicht verloren.

Andacht:

Zusammentragen, was von Petrus bekannt ist:
- Er ist von Beruf Fischer (Lukas 5,2).
- Er lernt Jesus durch seinen Bruder Andreas kennen (Johannes 1,41).
- Jesus ruft ihn in seine Jüngerschaft. Er verläßt alles und folgt Jesus nach (Lukas 5,10).
- Er erlebt viele Wunder mit Jesus, z. B. die Heilung seiner Schwiegermutter (Matthäus 8,14).
- Er ist dabei, als die Tochter des Jairus auferweckt wird (Lukas 8,51).
- Er geht auf dem Wasser (Matthäus 14,28).
- Er erlebt die Heilung des abgehauenen Ohres (Johannes 18,10).
- Ihm werden besondere Einblicke in Gottes Welt geschenkt, z.B. Verklärung Jesu (Matthäus 17,1), das Christuszeugnis (Matthäus 16,16), das Gebet Jesu im Garten Gethsemane (Matthäus 26,37).

Seine Selbstsicherheit:
Was bekommen wir für Lohn, wenn wir dir folgen (Matthäus 19,27)?
Wie oft muß ich meinem Bruder vergeben (Matthäus 18,21)?
Du sollst mir nicht die Füße waschen (Johannes 13,8).
Er beschwört Jesus: Herr, schone dich selbst (Matthäus 16,22).
Er bekommt höchstes Lob und tiefsten Tadel: Selig bist du (Matthäus 16,17).
Hebe dich, Satan, von mir (Matthäus 16,23).

Sein unbedingtes Wollen:
Ich will mein Leben für dich lassen (Johannes 13,37).
Ich ärgere mich nicht an dir (Matthäus 26,33).
Wenn ich mit dir sterben müßte (Matthäus 26,35).

28. Ein Mensch mit vielen Gesichtern

Matthäus 6,24; Lukas 22,47-53

Vorbereitung:

Zwei oder drei Bilder aus Illustrierten auf OHP-Folie kopieren. Für jeden Teilnehmer benötigt man Papier und einen Stift.

Einleitung:

Bilder eines Menschen mit unterschiedlichem Gesichtsausdruck werden gezeigt. Manchmal ist er kaum wiederzuerkennen.

Wie kommt das?
— Situation
— Gemütsverfassung
— das Gegenüber usw. beeinflussen den Ausdruck.

Kreativangebot:

Jeder Teilnehmer nimmt das Blatt Papier, hält es sich vor sein Gesicht und versucht, dieses nachzuzeichnen. Kann jeder sich selbst erkennen? Können es andere? Wenn man ein Gesicht wirklich kennenlernen will, muß man es schon sehr genau betrachten.

Erzählung:

Leonardo da Vinci hatte den Auftrag, ein Abendmahlsbild für ein Kloster zu malen. Dabei wollte er die Gestalten mit „echten" Gesichtern malen. Er suchte sehr lange nach einem Modell für die Christusgestalt. Endlich fand er einen jungen Mann, einen Fährmann, der ihn über einen Fluß ruderte. Den Lohn für diesen Dienst warf er fröhlich seiner kleinen Schwester zu: „Da, Andrea, bring's der Mutter!" Der junge Mann hatte ein so helles Gesicht, ein so klares Profil, daß Leonardo ihn bat, Modell zu sitzen für ein Christusbild. Zuerst lehnte er es ab, weil er sich unwürdig fühlte, aber schließlich gab er nach, und er bekam einen guten Lohn.

Für die elf Jünger fanden sich unter den Klosterbrüdern viele brauchbare, ausdrucksvolle Gesichter. Schließlich war nur noch der Judas zu malen. Der Maler ging auf der Suche durch die Stadt, die Kneipen, an den Hafen. Er fand keinen, der seinen Judasvorstellungen entsprach. Nach langer Zeit taumelte ihm bei seiner Suche ein Mensch vor den Wagen, zerlumpt, besoffen, verkommen. Der sollte es sein! Er nahm ihn gleich mit, und dieser saß ihm Modell, ohne auf eine einzige Frage des Meisters einzugehen. Leonardo vertiefte sich immer wieder in das Gesicht des Mannes, und er entdeckte: Das Gesicht kenne ich, das habe ich schon einmal gemalt! Ja, dieser Mann hatte vor Jahren sein Gesicht für die Christusgestalt geliehen. Was war aus ihm geworden!

Als das Bild fertig war, gab Leonardo ihm seinen Lohn mit den Worten: „Bring's der Mutter!" Da lachte der junge Mann ein häßliches Lachen und stürzte davon.

Biblischer Bezug:

1. Judas
— Er war der Sohn des Simon Iskariot (Johannes 6,71).
— Er war ein Jünger, einer der Zwölf (Johannes 6,71).
— Er hatte alles verlassen, wie die anderen, hatte alles aufgegeben und war Jesus nachgefolgt.
— Er wurde „Finanzminister" der Zwölf (Johannes 12,6). Jesus brachte ihm Vertrauen entgegen. Vielleicht war Geld seine schwache Seite?
— Er sah Jesu Trauer beim letzten Abendmahl um ihn (Johannes 13,21), um das „verlorene Kind" (Johannes 17,25).
— Jesus hat ihn, obwohl er ihn durchschaute, so behandelt, daß keiner der Jünger wußte, wie es um Judas stand. Auf Jesu Wort vom Verräter sind alle betroffen und unsicher über sich selbst.
— Jesus nennt ihn „mein Freund" (Matthäus 26,4).

Das ist die eine Seite des Judas-Gesichtes.

– Er wird „ein Dieb" genannt (Johannes 12,6).
– Er wird „ein Teufel" genannt (Johannes 6,70.71).
– Ihm ist Geld mehr wert als Hingabe (Johannes 12,5): Salbung in Bethanien durch Maria mit köstlicher Narde.
– Er versprach den Hohenpriestern, Jesus zu verraten (Markus 14,10.11).
– Es war der Satan in ihn gefahren (Lukas 22,3).
– Er hatte die Unverschämtheit, Jesus zu fragen: Bin ich's (Matthäus 26,25)?
– Er verriet ihn: „Sei gegrüßt, Rabbi!" und küßte ihn (Matthäus 26,48.49).
– Er nahm Geld für den Verrat (Matthäus 26,15).
– Er brachte das Geld zurück, er bereute (Matthäus 27,3.4).
– Er nahm sich selbst das Leben (Matthäus 27,5).

2. Geld

Man sagt: Geld macht hart. Geld verdirbt den Charakter!

Was das Neue Testament über das Geld sagt:
– Jesus schüttete den Wechslern im Tempel das Geld aus (Johannes 2,15).
– Jesus saß am Gotteskasten und sah zu, wie die Leute Geld einlegten (Markus 12,41).
– Jesus sagte: Gebt dem Kaiser, was des Kaisers ist, und Gott, was Gottes ist (Markus 12,17).
– Judas wollte die Salbe für 300 Silbergroschen verkaufen, für den Verrat nahm er 30 Silbergroschen!
– Man gab den Soldaten Geld, damit sie Unwahrheiten verbreiteten (Matthäus 28,12).

Bildbetrachtung:

Herbert Seidel, Verrat und Gefangennahme (Abb. s. S. 131)

Jeder betrachtet eine Weile das Bild, ohne darüber zu sprechen. Dann wird zusammengetragen, was zu sehen ist. Text Lukas 22,47-53 lesen: welche Aussagen sind in diesem Holzschnitt besonders dargestellt worden?

Es ist Nacht. Vieles ist nicht deutlich zu erkennen, aber die brennenden Fackeln der Kriegsknechte im Hintergrund geben dem Bild etwas Unheimliches und Gespenstisches.

Vorne sehen wir zwei Gruppen: Links sind die Häscher zu erkennen. Sie sind in der Überzahl. Es sieht aus, als hätten sie es eilig, ihren Auftrag zu erfüllen, sie kommen gelaufen. Miese Befehle führt man am besten schnell und ohne Nachdenken aus, sonst stört und hindert das schlechte Gewissen.

Dort, vor der Szene, die sich da in der Mitte abspielt, verhält selbst der hartgesottenste Soldat seinen Schritt: Judas hat sich dem Herrn genähert und verrät ihn tatsächlich mit dem verabredeten Zeichen, dem Kuß, sonst ein Ausdruck der Liebe und Zuneigung. Den linken Arm hat Judas wie hilflos erhoben, die Hand ist geöffnet, als wollte er um Entschuldigung bitten. Und scheint es nur so oder schmiegt er sich wirklich an den Meister an: Die Gesichter verschmelzen fast miteinander.

Und Jesus? Er steht ganz ruhig in königlicher Haltung und wendet sich dem Verräter zu. Er stößt ihn nicht fort, sondern schiebt seinen Arm unter den des Jüngers, gewissermaßen als letztes Angebot der Liebe: „Verrätst du des Menschen Sohn mit einem Kuß?" Man könnte meinen, daß Judas bei diesen Worten weiche Knie bekommen hat, das Bild deutet es an.

Dann ist da noch die andere Gruppe, die Männer rechts im Bild, die Jünger. Alle wenden sich ab, entsetzt ob dem, was da geschieht. Das Unfaßbare steht deutlich in ihren Gesichtern, ratlos sind sie und unfähig, irgend etwas zu tun. Wie lange ist es her, daß sie sagten: „Wir bleiben bei dir, und wenn wir mit dir sterben müßten!"?

So dunkel das Bild, so finster das Geschehen – Jesus steht im Licht. Sein Weg ist klar, und auch jetzt ist er der Herr der Lage: „Suchet ihr mich, so laßt diese gehen!"

Bildbetrachtung:

Späte Reue (Abb. s. S. 133)

Da das Judas sah, der ihn verraten hatte, daß er verdammt war zum Tode, gereute es ihn, und er brachte wieder die 30 Silberlinge den Hohenpriestern und Ältesten und sprach: Ich habe übel getan, daß ich unschuldig Blut verraten habe! Sie sprachen: Was geht uns das an? Da, siehe du zu (Matthäus 27,3)!

Was macht dieses Bild so düster, so hoffnungslos? Was unterscheidet die Personen auf dem Bild: Links Judas, rechts die Hohenpriester? Was unterscheidet ihre Position vor Gott?

Deutlich sind zwei Hälften zu erkennen: Auf der einen kniet ein Mensch mit verzerrtem Gesicht und verzweifelter Gebärde: Ich habe unrecht getan! Ein Bekenntnis, das uns oft nur sehr schwer über die Lippen kommt. Die Münzen rollen ihm durch die gespreizten Finger, als ob diese sich vor dem Geld ekelten! Helft mir! Ihr habt es in der Hand! Ihr habt mich in der Hand!

Auf der anderen Seite die vier Gestalten, die Hohenpriester. Sie sind beinah ineinander verschachtelt – das gibt der „Gruppe“ ihren Halt? An ihren langen Gewändern scheint jede Unannehmlichkeit, jeder Ärger abzulaufen wie Wasser an einer Ölhaut. Sie beachten den vor ihnen liegenden Mitmenschen gar nicht, sie sehen darüber hinweg oder wenden sich ab. Mit so einem wollen sie nichts zu tun haben, darum zeigen sie auch keine Hände. Dabei hatten sie diesen Menschen vor kurzer Zeit noch vor ihren eigenen Wagen gespannt! Im Bewußtsein ihres Gesetzes stehen sie aufrecht, für jedes „In-Frage-Stellen“ unerreichbar. Sind es wirklich Priester, die anderen zu Gott hin helfen sollen?

Fragen für die persönliche Stille:

1. Laßt ihr euch von „Gesetzeshütern“ einspannen, christliche Regeln und Traditionen kompromißlos durchzusetzen?
2. Gibt es Gegebenheiten, die euch dazu bringen, euren Glauben an Jesus Christus zu verraten?
3. Seid ihr bereit, die Schuld eines anderen und eure Enttäuschung über ihn zu vergessen und ihm die Hand anzubieten?

29. Menschen – nur Statisten?

Herodes — Pilatus — Simon von Kyrene — Josef von Arimathia — Nikodemus – Kaiphas

Vorbereitung:

Jeder Teilnehmer benötigt eine Bibel und einen Zettel.

Einleitung:

Variante 1: Theater

Das Leben ist mit einem Theaterstück vergleichbar:
Wer spielt eine Hauptrolle? Eltern, Lehrer, Pastor, Freund/in, Kumpel.
Was zeichnet eine Hauptrolle aus? Geschehen voranbringen, Impulse geben, Hilfestellung, Wegweisung.
Wer spielt eine Nebenrolle? Das können alle Mitmenschen sein, Kollegen, Nachbarn, Mitfahrer in der Straßenbahn.
Was zeichnet eine Nebenrolle aus? Sie werden oft nur flüchtig wahrgenommen. Sie haben meist keinen großen Einfluß, manchmal werden sie „benutzt". Trotzdem: Sie machen das Umfeld aus, bilden den Rahmen des Stückes, bereichern oder behindern das Leben. Manchmal geben sie wichtige Stichworte.

Variante 2: (**Ergänzung zu Variante 1**)

Viele Schauspieler-Karrieren fangen mit kleinen Nebenrollen an. Ob es eine Karriere wird, hängt davon ab, wie gut oder schlecht sie diese Aufgabe schaffen, ob sie daran lernen und wachsen.
Wer erinnert sich an ein Erlebnis, wo jemand, als Statist kaum wahrgenommen, sich plötzlich als überaus bedeutend und wegweisend herausstellte?

Biblischer Bezug:

Zu den einzelnen Personen sind manchmal mehrere Textstellen aufzuschlagen. Man kann diese vorher auf Zettel notieren und sie verteilen, dann geht die Abfolge zügiger voran. Je nach zur Verfügung stehender Zeit ist aus dem Personenkreis auszuwählen.

Auch auf Jesu Passionsweg gab es Menschen, die eine Nebenrolle spielten, plötzlich aber im Scheinwerferlicht standen und die Chance ihres Lebens bekamen. Statisten auf dem Wege, Menschen wie du und ich, plötzlich eine Hauptrolle!

Nikodemus
Johannes 3,1.10: Er ist ein Pharisäer, ein Lehrer und Meister, einer, der in religiösen Dingen Bescheid wußte.
Johannes 3,2-11: Ein ernstzunehmender, frommer Mensch, der gemerkt hatte, daß Jesus von Gott kam. Er kommt auch im Namen von Kollegen (er sagt: wir) zu ihm, allerdings bei Nacht. Es muß ja nicht jeder wissen! Er hört zu, fragt, nimmt Jesu Wort mit, denkt darüber nach.
Johannes 7,50: Er tritt im Hohen Rat gegen die Ungerechtigkeit auf, die man Jesus antun will an, aber nicht energisch genug.
Johannes 19,39: Jetzt tritt er deutlich hervor und bekennt sich zu Jesus, indem er ihm ein reiches Begräbnis bereitet.

Nikodemus, ein Mensch, der langsam in eine Jüngerschaft hineinwächst.
Fragen: Setzt ihr euch ernsthaft mit Gottes Wort auseinander? Wie deutlich tretet ihr in einem Kreis von Gegnern für Jesus ein?

Joseph von Arimathia
Markus 15,43: Er ist ein Ratsherr. Er wartet auf das Reich Gottes. Er ist reich.
Matthäus 27,57: Auch ein Jünger.
Johannes 19,38: Ein heimlicher Jünger aus Furcht. Hatte er Angst um seine Stellung?
Lukas 23,51: Er hat dem Handel des Hohen Rates nicht zugestimmt. Er hatte seine Meinung nicht versteckt.
Markus 15,43: Er wagt es, Pilatus um den Leichnam zu bitten. Er möchte Jesus zu einem ordentlichen Ende seines Lebens helfen.

Markus 15,46: Er kauft Leinwand für Jesus.
Johannes 19,41: Er legt ihn in ein neues Grab. Dafür hat er auch Geld ausgegeben.

Joseph von Arimathia, ein Mensch, dessen Mut wächst, der Jesus auch sein Geld zur Verfügung stellt. Frage: Kann Gott auch über eure Geldbeutel verfügen?

Simon von Kyrene
Lukas 23,26: Er kommt „zufällig" vorüber. Sie legen ihm das Kreuz auf zum Tragen.
Markus 15,21: Sie zwingen ihn, daß er ihm das Kreuz trägt.
Römer 16,13: Paulus grüßt die Söhne und ihre Mutter = des Simons Frau. Diese gehören offenbar zur Gemeinde. Das Erlebnis auf dem Weg nach Golgatha war Simon zum Heil geworden.

Simon von Kyrene, ein Mensch, dem der aufgezwungene Weg zum Segen wird.
Frage: Nehmt ihr alles aus Gottes Hand? Sagt ihr „ja" auch zu Kreuzwegen nach dem Motto: denen, die Gott lieben, müssen alle Dinge zum Besten dienen?

Kaiphas
Johannes 18,13: Er ist in jenem Jahr Hoherpriester. Der Hohepriester genießt hohe Autorität im Volk, er hat zuerst ein geistliches Amt, das Volk vor Gott zu vertreten, aber auch der politische Einfluß ist zu Jesu Zeit nicht unerheblich.
Matthäus 26,57: Er führt den Prozeß gegen Jesus.
Johannes 11,49-53: Er tritt entschieden für die Tötung Jesu ein.
Lukas 22,66-71: Als die Verurteilung aufgrund falscher Zeugen nicht klappt, stellt er selbst die entscheidende Frage nach der Sohnschaft und verurteilt ihn dann wegen Gotteslästerung.

Kaiphas, ein Mensch, der die Würde des Amtes mißbraucht. Frage: Nutzt ihr euren Beruf, eure Stellung, um Jesus zu dienen?

Pontius Pilatus
Matthäus 27,2: Er ist Statthalter, Gouverneur der römischen Besatzungsmacht.
Lukas 13,1: Er ist rücksichtslos und gewalttätig.
Johannes 18,38: Er hat keine religiöse Überzeugung (Was ist Wahrheit?). Daher hat er auch keine ethische Kraft, den nach seiner Meinung Unschuldigen gegen den Volkswillen frei zu lassen.

Johannes 19,4: Er drückt sich vor einer Entscheidung und schiebt diese anderen zu: Seht, welch ein Mensch!
Lukas 23,7: Er schickt ihn zu Herodes.
Johannes 18,39: Er stellt Jesus neben Barabbas, das Volk soll entscheiden.
Johannes 19,1: Er läßt Jesus geißeln, um Mitleid zu erregen.
Johannes 19,7-12: Er ist beeindruckt von Jesu Hoheit und fühlt sich äußerst unwohl in seiner Rolle.
Matthäus 27,19: Seine Frau warnt ihn, seine Furcht wächst.
Johannes 19,12–16: Zur Entscheidung gezwungen, versucht er lieber, sein eigenes Leben zu retten.

Pilatus, ein Mensch zwischen den Fronten, der letztlich nur an seinen Vorteil denkt. Einer, der seine Chance verpaßt hat.
Frage: Wo drückt ihr euch um Entscheidungen herum?

Herodes Antipas
Lukas 13,32: Jesus nennt ihn einen Fuchs.
Matthäus 14,1: Er ist der Landesfürst.
Matthäus 14,3–11: Er ist der Herodias hörig, hat kein Rückgrat.
Markus 6,20: Er hört Johannes gern, ein guter Ansatz.
Matthäus 14,2: Er hat ein schlechtes Gewissen.
Lukas 23,8-12: Er lernt Jesus kennen, will aber nur seine Neugier und Sensationslust befriedigen. Darauf geht Jesus nicht ein, so verwirft er ihn. Die Enttäuschung über Jesus verbindet ihn mit Pilatus.

Herodes, ein Mensch, dem alles zu eigener Ehre dienen muß.
Frage: Nehmt ihr alle Gegebenheiten wahr, um in Jesu Schule voranzukommen?

Nachwort:
So viele Leute in der Passionsgeschichte. Jeder schaut nur auf sich und seine kleine Welt. Jeder hat Interessen, Angewohnheiten, Feindschaften und persönliche Erfahrungen. Und doch schreibt Gott mit allen diesen Menschen Geschichte. So sehr begibt sich Gott hinein in diese Welt.
Man kann auf die Menschen sehen und sich aufregen: Was sind das nur für Typen. Man kann auf Gott schauen und staunen lernen: Wie groß muß Gott sein, daß er seine Geschichten mit solchen Menschen zum Ziel bringen kann.

30. Dabeisein ist alles

Johannes 20,24-29

Vorbereitung:

Jeder Teilnehmer benötigt ein Stück Bindfaden, das aus mehreren einzelnen Fäden besteht, oder eine selbstgedrehte Schnur aus mehreren Garnfäden. Außerdem eine Kerze und Streichhölzer.

Einleitung:

Warum besuchen so viele Sportsfreunde ein Fußballspiel im Stadion und verfolgen es nicht im Fernsehen? Warum stehen so viele in Sonne und Regen auf einer großen Wiese, um ein Rockkonzert zu hören, das sie auch im Radio oder Fernsehen miterleben könnten? Einer der Zuschauer antwortete: „Du kannst dir nicht vorstellen, was das für ein Gefühl ist, in einer großen Menge Spannung und Begeisterung mitzuerleben, sich mitreißen zu lassen, sich anstecken zu lassen, live dabeizusein!" Dabeisein ist alles! Dafür nimmt man weite Wege, Drängelei, blaue Flecken in Kauf. Wer will schon gerne abseits stehen?

Gespräch:

Gemeinschaft haben heißt: Anteil haben an einer Person oder Sache, gemeinsam mit anderen.

1. Was bindet Menschen zu einer Gemeinschaft zusammen?

— gleiche Interessen (z. B. Sportvereine, Wandergruppen, Chöre, Reisegruppen)

— gleiche Ziele

— gleiche Sprache ...

Die Menschen sind zur Gemeinsamkeit hin geschaffen. Auch die Familie ist eine Gemeinschaft. Andere Worte für Gemeinschaft: Verein, Gruppe, Clan, Volk, Trupp, Rotte; bei Tieren: Herde, Horde, Meute.

2. Was fördert eine Gemeinschaft?

— Austauschmöglichkeiten
— gegenseitige Hilfe
— gemeinsame Erlebnisse
— immer neue Motivation
— Bewußtsein, aufeinander angewiesen zu sein

Gemeinschaft vermittelt auch ein Gefühl der Stärke.

Kreativangebot:

Jeder bekommt ein Stück Seil oder Schnur. Die Aufgabe lautet, sie zu zerreißen. Man wird feststellen, daß das nicht geht. Die Schnur ist zu fest, zu stark, zu dick. Erst, wenn man die einzelnen Fäden auseinanderzieht und jeden einzeln durchreißt, läßt sich die Schnur teilen.
Merke: Gemeinsam ist man unschlagbar.

Jeder bekommt eine Kerze. Voraussetzung: dunkler oder verdunkelter Raum. Das Licht wird gelöscht. Alle sitzen im Dunkeln. Einer entzündet seine Kerze, es wird etwas heller. Das Licht wird an den Nächsten weitergegeben: Der Raum wird immer heller. Wenn alle ihr Licht angezündet haben, ist der Raum hell erleuchtet.
Merke: Es gibt Ziele, die man nur gemeinsam erreichen kann.

Biblischer Bezug:

Johannes 20,24-29: Thomas

Vers 24: Einer fehlt, das ist schlimm. Bemerkt ihr, wenn einer im Kreis fehlt? Ist es euch genug, wenn ihr selbst dabei seid? Ist das

Fehlen des einen den Jüngern erst aufgefallen, nachdem Jesus ihnen begegnet ist (Vers 21—23)?

Vers 25: Jünger sagen weiter, was Jesus ihnen getan hat. Hier ist ein Unterschied zu der oft geforderten Abgrenzung zur Welt: Vom Bösen sollt ihr euch distanzieren, auf den (Mit-)Sünder sollt ihr zugehen. Er sieht uns immer auch in der Gemeinschaft. Das gilt besonders für die, die durch Dunkelheit oder Enttäuschung in eine Glaubenskrise geraten sind. „Wo ist dein Bruder?" fragt Gott schon am Anfang der Menschheitsgeschichte. Wer ist heute zurückzuholen?
Thomas ist ein nüchterner Mensch. Das, was er als recht erkannt hatte, hat er für sich selbst konsequent umgesetzt. In Johannes 11,16 trifft er die Entscheidung: „Laßt uns mit ihm ziehen, daß wir mit ihm sterben" (Johannes 14,5). Er ist ebenso ein grüblerischer Frager. Er mißtraut sich selbst so sehr, daß er meint, sehen reiche nicht aus, tasten würde erst Klarheit bringen. Er stellt Bedingungen. Darf man Gott solche Bedingungen stellen?

Vers 26: Dem ehrlichen Zweifler kommt Gott entgegen. Jetzt ist Thomas in der Gemeinschaft der Jünger geblieben. Dort erfährt er auch Hilfe. Nun ist er dabei, als Jesus nach Tagen wiederum zu den Jüngern kommt. Es wiederholt sich alles fast so wie beim ersten Mal, extra für Thomas!

Vers 27: Thomas bekommt eine Nachhilfestunde. Jesus geht auf seine Bedingungen ein, fügt aber hinzu: „Sei nicht ungläubig, sondern gläubig." Jesus kennt die Fragen und Zweifel der Menschen.

Vers 28: Thomas hat den Beweis nicht mehr nötig. Er streckt seine Hand zur Berührung nicht mehr aus. So überwältigt ist er von der Liebe seines Herrn, daß er anbetend ausruft: „Mein Herr und mein Gott!"

Vers 29: Die Notwendigkeit des Glaubens greift Jesus noch einmal auf. Glauben, im altdeutschen „globen", hat etwas zu tun mit geloben, angeloben, angehören, folgen. Gehorsam, Heilung, Rettung, Glückseligkeit erfährt, wer glaubt, angehört, gehorcht.

Andacht:

Auch in der Bibel wird immer wieder auf Gemeinschaft hingewiesen. Das Alte Testament zeigt die Bedeutung der Sprache für die

menschliche Gemeinschaft (1. Mose 11: Turmbau zu Babel). Manchmal haben schon Leute Mühe, sich miteinander zu verstehen, die eine Sprache sprechen. Die Jugend spricht z. B. eine „andere" Sprache als die Alten. Man versteht sich nicht mehr.
Die Ausgrenzung aus einer Gemeinschaft diente auch deren Schutz. So durfte z. B. kein Fremder vom Passah essen (2. Mose 12,43). Die Hebräer und Ägypter vermieden die Tischgemeinschaft (1. Mose 43,32), die Juden hatten keine Gemeinschaft mit den Samaritern (Johannes 4,9).

In dieses Wort hat Jesus die Menschen von heute mit eingeschlossen, denn sie haben ihn nicht gesehen und können doch glauben.

31. Danken — wieso?

3. Mose 23; 5. Mose 16

Vorbereitung:

Jeder Teilnehmer bekommt einen aus Tonpapier (rot, grün oder gelb) geschnittenen Apfel, der mit einer Aufhängung versehen ist (Apfel siehe Muster). Außerdem erhält er einen Zettel und einen Bleistift. In der Mitte des Raumes, für alle gut sichtbar und erreichbar, stellt man eine Bodenvase mit einigen großen Zweigen. An diese werden später die Äpfel gehängt, es wird ein „Dank-Baum".

Außerdem wird ein Tablett oder ein Korb mit fünf verschiedenen Früchten gebraucht, z. B. Radieschen, Pflaumen, Tomaten, Möhren, Äpfel, Kohlkopf ... Die Früchte werden vorher gewogen. Die Gewichte werden notiert. Wenn während der Veranstaltung genug Zeit zur Verfügung steht, kann das Wiegen auch während des Zusammenseins geschehen.

Vorbemerkung:

Eine besondere Bedeutung hat, wenn man eigene Erlebnisse erzählen kann, die zum Danken veranlassen. Man sollte sich für diese Phase viel Ruhe und Zeit lassen. Alle Apfel-Inschriften sollten im Schlußgebet vorgelesen werden. Jeder Teilnehmer hat so den eigenen Dank noch einmal laut gehört.

Einleitung:

Welche Bräuche gibt und gab es im Zusammenhang mit dem Erntedankfest? Woran erinnert ihr euch? Oft werden viele Gaben, meist Früchte aus dem Garten, aber auch Brot und Lebensmittel, am Tag vor dem Erntedankfest in die Kirche gebracht. Sie werden dekorativ um den Altar herum aufgebaut. Die Gemeindeglieder wetteifern mit dem größten Kürbis und den schönsten Blumensträußen. Auf dem Altar selbst liegen die Zeichen des Abendmahls: Brot und Weintrauben. Nach den Gottesdiensten werden diese Gaben an Kranke, alte und bedürftige Menschen verschenkt.

Kreativangebot:

Die mitgebrachten Früchte werden gezeigt und herumgegeben. Jeder soll das Gewicht der einzelnen Frucht schätzen und aufschreiben. Wer kommt dem tatsächlichen Gewicht am nächsten? Derjenige bekommt die entsprechende Frucht geschenkt.

Gespräch:

„Warum Erntedank? Wir haben doch auch so alles", sagt mancher. Warum fällt das Erntedankfest zu feiern heute vielen schwerer als früher?
Früher hat man unmittelbar miterlebt, wie gesät, gepflanzt und geerntet wurde. Man konnte den Bauern beim Pflügen, beim

Heuen, beim Rübenverziehen, beim Kartoffelausmachen beobachten. Vielleicht hat man sogar einmal mitgeholfen. Heute ist aus dem Bauern ein „Agrar-Fabrikant" geworden, der viel mehr weiß als sein Vater früher: wie man die Fruchtbarkeit des Bodens erhöht, wie man das Unkraut vernichtet, Schädlinge bekämpft. Er versteht sich nicht mehr als „Gehilfe Gottes", sondern als „Macher". Will nicht jeder „Macher" sein, unabhängig vom gebenden Gott?

Und dann sind da die Butterberge und Weizenberge, weil niemand so viel essen kann, wie die Erzeuger in Europa auf den Markt bringen. Die eigenen Gärten sind zu Ziergärten geworden, zu kleinen Parks mit Rasenflächen. Obst und Gemüse gibt es ja genug zu kaufen! Erinnert ihr euch noch, wieviel Freude es euch als Kindern gemacht hat, ein eigenes Beet zu haben und darauf Erbsen, Möhren und Schnittlauch selbst zu ziehen?

Fast jedem geht es hier so gut, daß er vergißt, daß weltweit Hunger herrscht. Die Europäer aber werfen ihre Äpfel tonnenweise ins Meer, weil sie zuviel haben und die Preise stabil bleiben sollen. Würde man unser „Zuviel" in Hungergebiete bringen, wären die Kosten unbezahlbar, und es wäre wohl auch eine vordergründige Hilfe. Wer soll das alles verstehen?

Vom gütigen Gott, der die Speise gibt, ist nicht mehr die Rede, geschweige denn vom Dank. Es wird verdrängt, daß Danken und Denken zusammengehören, man nimmt den Überfluß als selbstverständlich. Beim Nachdenken fällt einem dann vielleicht auch ein, daß zum täglichen Brot viel mehr gehört als Essen und Trinken. Luther formuliert in seiner Erklärung zur 4. Vaterunser-Bitte: „... fromm Gemahl, fromme Kinder ... treue Oberherren, gut Regiment ... Friede, Gesundheit, Zucht, Ehre, gute Freunde, getreue Nachbarn ...."

Andacht:

3. Mose 23; 5. Mose 16

In den Mosebüchern wird uns von zwei Erntefesten berichtet, die mit der Erinnerung an Gottes große Taten verbunden wurden:

1. Das Wochenfest, sieben Wochen später (Pfingstfest), zu Beginn der Weizenernte. Es erinnert an die Gesetzgebung, den Gehorsam Gott gegenüber und an seine Führung.
2. Das Laubhüttenfest im Herbst bei Beginn der Obst- und Weinernte. Es erinnert an die wunderbare Bewahrung auf dem Weg durch die Wüste.

„Sie sollen aber nicht mit leeren Händen vor dem Herrn erscheinen, sondern ein jeder mit dem, was er zu geben vermag, nach dem Segen, den der Herr, dein Gott gegeben hat" (5. Mose 16,16). Gott erwartet etwas von den Menschen, damals und heute. Zu danken gilt es ja nicht nur für Brot und Aufschnitt, für Kleidung und unser Zuhause. Es gibt so viele Geschenke jeden Tag: Ein Brief, ein Gruß, ein Händedruck, ein Gespräch, das Gelingen einer Arbeit und vieles mehr.

Deshalb: erst denken, dann danken.

Persönliche Besinnung:
Jeder denkt eine Weile persönlich darüber nach, wofür er Gott heute besonders danken möchte:
Worüber habe ich mich gefreut?
Was hat er mir geschenkt?
Wo hat er mich behütet?

Jeder schreibt kurz auf den Apfel, wofür er Gott danken kann, und hängt ihn anschließend an den „Dank-Baum". Jeder kann beim Anhängen seinen Dank laut aussprechen, oder es werden alle Apfelinschriften laut vom Leiter vorgelesen. Eine große Dankhymne.

Abschluß: Vaterunser

32. Das große Wartezimmer

1. Mose 49,8

Vorbereitung:

Jeder Teilnehmer erhält einen Zettel und einen Stift. Auf dem Zettel steht: „Ich warte auf ..., weil ..."

Einleitung:

Anhand der Notizen wird gemeinsam überlegt: Worauf wartet man zur Zeit? Die Begründung (weil ...) nicht vergessen.

Gespräch:

Weil man auf unterschiedliche Ereignisse wartet, ergibt sich eine unterschiedliche „Warte"-Haltung:

- ängstlich, weil man das Ergebnis einer Untersuchung fürchtet
- freudig, weil man Besuch erwartet
- gespannt, weil man wissen möchte, wie ein Wettkampf ausgeht
- nervös, weil man sich im Lotto Hoffnung gemacht hat
- hektisch, weil man noch viel erledigen muß
- geduldig, weil sich Genesung abzeichnet
- resigniert, weil der nächste Schicksalsschlag bestimmt kommen wird

b) Wie verbringt oder überbrückt man Wartezeit?
Eine Stunde kann manchmal endlos sein, ein anderes Mal fliegt sie nur so davon (Beispiele sammeln). Es hängt vom Inhalt der Wartezeit ab. Man kann aber Entscheidungen so lange hinauszögern, daß man die Wartezeit vertrödelt.

Man vertreibt sich die Zeit, und schließlich läßt sie sich auch vertreiben, zuletzt hat sie einen ganz verlassen, dann ist die Ewigkeit da.

So wird Wartezeit
— überbrückt
— verkürzt
— ausgenutzt
— verschleppt
— vertan

Kreativangebot:

Zum Warten braucht man einen langen Atem. Jeder Teilnehmer probiert aus, wie lange sein Atem reicht. Man denkt sich ein Wort aus, z. B. Apfelsinentorte oder Maikäfermonat. Jeder versucht nun, dieses ausgesuchte Wort möglichst oft in einem Atemzug zu sprechen. Wer kann es am häufigsten sagen, wer hat den längsten Atem?

Biblischer Bezug:

Wartende Menschen in der Bibel — an wen erinnert ihr euch?

1. Mose 12;21: Abraham wartete auf den verheißenen Sohn 25 Jahre.
Hebräer 10,1: Abraham wartete auf die Stadt, deren Baumeister Gott ist.
Apg. 1,4: Die Jünger warteten nach der Himmelfahrt auf die Verheißung des Vaters.
Lukas 1,21: Die Gottesdienstbesucher warteten auf den Priester Zacharias, als der Engel ihm die Geburt des Johannes ankündigte.
Lukas 2,25: Simeon wartete auf den Trost Israels.
Matthäus 15,43: Joseph von Arimathia, ein Ratsherr, wartete auch auf das Reich Gottes.
2. Petrus 3,13: Wir warten aber eines neuen Himmels und einer neuen Erde.

Andacht:

Herr, ich warte auf dein Heil! 1. Mose 49,8
Das ist das Wort Jakobs, das er sagte, als sein Leben zu Ende geht. Da spricht er zu seinen Kindern wie ein Prophet. Er sieht die Stämme, die von den Söhnen kommen werden, und welchen Platz sie in der Geschichte des Volkes einnehmen werden. Plötzlich unterbricht er diese Vorausschau und betet: „Herr, ich warte auf dein Heil!"
Es ist ihm sehr wichtig, Gott an seine Verheißung zu erinnern, nach der er sich so sehnt (1. Mose 28 — Bethel, 1. Mose 35; 40,10 — Hinweis auf Christus).
Es gibt keinen Menschen, der nicht auf etwas wartet:
„Weihnachten war noch nicht ganz vorbei, da verkündete mein Enkelsohn bereits seinen Geburtstagswunsch. Der Geburtstag ist zwar erst im August – aber was macht das."

Manchmal wartet man sogar auf das Pech des anderen. Wie eigensüchtig verlangt unser Herz nach allem Guten? Wie wenig sehen wir den Nächsten in seinem Hoffen und Bangen?
Wer von uns wartet auf Gottes Heil? Auf sein Heil-Machen? Ja, es ist nötig, auf sein Heil zu warten und es zu erflehen. An anderer Stelle heißt es in der Bibel: „Gott harret darauf, daß er uns gnädig sei" (Jesaja 30,18). Nun, wenn zwei aufeinander warten, dann steht der Begegnung ja nichts mehr im Wege.

33. Auf dem Weg

Johannes 1,26

Vorbereitung:

Es wird über Sitten und Bräuche in der Adventszeit und ihren tieferen Sinn gesprochen. Dazu werden die entsprechenden Symbole: Tanne, Adventskranz, Kerzen, Äpfel, Spekulatius, Nikolaus, Obstbaumzweige, Christrosen... besorgt.

Gespräch:

Wer eine längere Wanderung unternimmt, kommt immer wieder an markanten Punkten vorbei, einem Wegweiser, einer Bank, einem Denkmal, an denen er sich orientieren kann. Auch in der Adventszeit gibt es Sitten, Bräuche und Symbole, die uns auf dem Weg begleiten. Was gehört dazu? Die Teilnehmer bekommen Zeit zum Nachdenken und ergänzen anschließend die genannten Dinge.

Adventskranz

Er hielt erst in den zwanziger Jahren des 20. Jahrhunderts seinen Einzug in die Wohnzimmer. Der Kranz ist das Zeichen des Sieges. Früher wurden z. B. den Sportlern Siegeskränze (Lorbeerkränze) an Stelle von Urkunden oder Pokalen verliehen. Die immer grüne Tanne des Adventskranzes erinnert an die nie vergehende Hoffnung, daß Gott mit seiner Welt ans Ziel kommt. Wir schmücken den Kranz mit Zapfen, Schleifen und Kerzen, die wir nacheinander anzünden: Das Licht wird siegen! Und was ist das Licht des Adventskranzes gegen die Lichter des Christbaumes!

Den gleichen grünen Kranz steter Hoffnung verwenden wir bei unseren Trauerfeiern. Auch hier soll er das Zeichen des Sieges, der Auferstehung sein. Dabei wird er mit Blumen geschmückt, die welken und an die Vergänglichkeit erinnern.

Kerzen

Sie symbolisieren den, der gesagt hat: „Ich bin das Licht der Welt", nämlich Christus. Das Licht ist in die Dunkelheit gekommen. Gleichzeitig erinnern die Kerzen, die sich selbst im Brennen verzehren, an Jesus Christus und seinen Opfertod für die Menschen.

Stern

Der Adventsstern nimmt uns mit auf den Weg der Weisen zum Stall nach Bethlehem. Er war der sichere Wegweiser für sie.

Christrosen

In der Botanik heißt diese Blume ‚schwarze Nieswurz". Im Sommer, wenn alles blüht, hat sie nur grüne Blätter, aber im Winter, wenn alle anderen Blumen kahl und starr sind, zeigt sie ihre schönsten Blüten. Früher hielt man sie vor allem wegen ihres giftigen Wurzelsaftes. Man preßte ihn aus und bewahrte ihn sorgfältig auf. Er half gegen Vergiftungen, vor allem bei Schlangenbissen. Da kann eine Gedankenverbindung zum ersten Hinweis auf Jesus Christus in der Bibel entstehen, als Gott zur Schlange spricht: „Derselbe wird dir den Kopf zertreten, und du wirst ihn in die Ferse stechen" (1. Mose 3,15).

Äpfel

In der Adventszeit werden oft Bratäpfel gegessen. Sie zaubern mit ihrem Duft eine besondere Stimmung. Adventsgestecke und später auch der Christbaum werden mit Äpfeln geschmückt und erinnern damit an den Apfel im Paradies (obwohl ein Apfelbaum nicht ausdrücklich erwähnt ist), an den inneren Zusammenhang zwischen dem Sündenfall und der Geburt Christi.

Barbarazweige

Die Legende erzählt: Barbara war die Tochter reicher Eltern. Der Vater war Heide und wollte unbedingt verhindern, daß sie zum christlichen Glauben übertrat. Als sie aber von ihrem Glauben nicht ablassen wollte, ließ er sie im Jahre 360 n. Chr. enthaupten. Sie ist die Schutzheilige der Bergleute, Bauleute, Feuerwehrleute, der Glockengießer, Waffenschmiede und Reiter. Zum Andenken an die heilige Barbara schneidet man am 4. Dezember Forsythia, Kirschzweige oder andere Obstbaumäste, legt sie über Nacht in warmes Wasser und stellt sie in eine Vase. Mit etwas Glück blühen sie gerade zu Weihnachten.

Nikolaus

Die Geschichte spielt laut einer Legende vor 1.600 Jahren in der Stadt Myra in Kleinasien. Dort herrschte eine schlimme Hungersnot, viele Menschen starben. Bischof Nikolaus war ihre einzige Hoffnung. Er hatte schon manchen geholfen, z. B. den drei Schwestern, die nicht heiraten konnten, weil ihnen das Geld für die Aussteuer fehlte. Eines Abends flogen drei Geldbeutel durchs Fenster in ihre Stube. Die Not hatte ein Ende. Alle wußten: das war der Bischof. Immer half er Menschen auf ungewöhnliche Weise.

Auch jetzt versuchte er, die Verzweifelten zu trösten. Als endlich in der Ferne Schiffe mit Lebensmitteln auftauchten, ging er mit den vielen Hungernden an den Hafen, um sie zu empfangen. Aber ehe sie anlegen konnten, kamen ein paar Schiffe mit Seeräubern, die ihnen sagten: „Wenn die Schiffe euren Hafen erreichen sollen, dann füllt unsere Boote mit Gold!" Entsetzen packte die Menschen. Alles, was sie noch an Münzen und Schmuck hatten, trugen sie herbei, aber nicht einmal der Boden der Schiffe konnte bedeckt werden. Da sprach der Befehlshaber der Flotte: „Ihr habt noch eine Stunde Zeit. Dann aber gebt ihr uns für jedes fehlende Pfund Gold eines eurer Kinder. Wir werden sie dann als Sklaven verkaufen." Ein großes Wehklagen begann. Einige überlegten sogar, ob das nicht eine Lösung wäre, um sie vor dem Verhungern zu bewahren. Alle Kinder wurden zum Hafen gebracht. Jeder belauerte jeden, damit niemand sein Kind verstecken konnte. Schon wurden die ersten Kinder in die Boote gezerrt, als der Bischof mit seinen Helfern erschien. In den Händen trugen sie die kostbaren Kirchengeräte. Diese wurden den Seeräubern übergeben. Die Kinder kamen frei, die Getreideschiffe konnten anlegen, die Menschen wurden gerettet.

So wurde Nikolaus der Heilige der Kinder. Sein Todestag, der 6. Dezember, wurde in aller Welt als Nikolaustag gefeiert. Ihm zu Ehren wurde Spekulatius gebacken, ein besonderes Gebäck, dessen Namen auf den lateinischen Bischofstitel speculatio = Aufseher zurückgeht.

Um diese Nikolausfigur gibt es viele unterschiedliche Bräuche. Er kommt z. B. nicht allein, sondern bringt den Ruprecht mit, damit er mit den Kindern abrechnet, was gut und böse war, damit er heimlich die Stiefel füllt usw.

Lebkuchen

Auch hier gibt es eine Legende. Sie erzählt von den Hirten, die gleich nach der Verkündigung der Engel zum Stall liefen. Erst auf dem Rückweg sei ihnen eingefallen, daß sie ja noch Brot im Ofen hatten, das nun wohl schwarz verbrannt sein würde. Aber — o Wunder — es duftete gar lieblich, als sie die Röhre öffneten, und das dunkle Gebäck schmeckte vorzüglich. Zur Erinnerung an dieses Geschehen wurden jedes Jahr solch kleine Kuchen gebacken, die äußerlich unansehnlich an den armseligen Stall erinnerten, innen aber voll Würze und Süße waren.

Man nannte sie Lebkuchen oder auch Labkuchen (Lab bedeutete hochdeutsch so viel wie „heil" im Sinne von Arznei).

Ganz früher wurden vorwiegend in Klostergärten Pflanzen gezüchtet, aus denen man Arzneien herstellte, die in Form von kleinen Kuchen zur Weihnachtszeit verschenkt wurden, um deutlich zu machen, daß das Weihnachtsgeschehen der ganzen Menschheit innere Gesundung bringen sollte.

Andacht:

Er ist mitten unter euch, den ihr nicht kennt. Johannes 1,26

Es sind viele Leute, die sich auf den Weg gemacht haben, sie strömen herbei, wollen sie zu einer Kundgebung? Ist irgendwo etwas passiert, das man gesehen haben muß? Gibt es eine Sportveranstaltung? Von allen Seiten streben die Menschen auf Johannes zu. Es sind Männer, Frauen und Kinder. Die Gesichter sind ernst, erwartungsvoll, gierig, böse, gleichgültig. Nur wenige fallen in der Menge auf, z. B. der Mann, der hinten steht und herausfordernd die Arme in die Seite stemmt, als wolle er sagen: Warum geht es denn nicht weiter?

Die stille Gestalt mitten unter ihnen, die haben die meisten übersehen. Dabei müßten sie doch das Licht bemerken, das von ihr ausgeht. Einer scheint zu ahnen, daß man sich mit dieser Gestalt auseinandersetzen muß: Kannst du uns helfen? Bist du es, den ich suche?

Auch heute ist es gut, wenn sich Menschen in dieser Adventszeit auf den Weg machen, um den Sinn des Festes und zugleich den Sinn des Lebens zu suchen. Aber auf dem großen Podium ist das Weihnachtswunder nicht zu finden. Gott ließ seinen Sohn arm und klein in einem Stall zur Welt kommen. Den kann man natürlich leicht übersehen. Die Hauptsache jedoch ist: Er ist gekommen. Er ist da, er ist mitten unter den Menschen.

Laufe ich auch an ihm vorbei? Wer auf den hellen Schein achtet, wer sich dem Licht des Advents stellt, der wird den erkennen, der allein Vergebung, Freude und Frieden bringen kann.

34. Eine stille Stunde

Lukas 2,8–10

Vorbemerkung:

In der vorhergehenden Stunde werden die Teilnehmer aufgefordert, etwas für dieses Zusammensein mitzubringen, etwas, das ihnen in der Advents- und Weihnachtszeit lieb und wert ist, z. B. eine Krippenfigur, ein Krippenbild, Zimmerschmuck, ein Lied.

Vorbereitung:

Die mitgebrachten Dinge werden in der Mitte auf einem festlich mit Tannengrün und Kerzen geschmückten Tisch aufgebaut. Alle können diese Dinge sehen.

Verlauf:

Diese „stille Stunde" sollte möglichst ohne Minutenprogramm verlaufen, man führt „an langer Leine" durch das Programm. Das Singen bekommt einen größeren Raum als sonst.

Auf drei Dinge sollte man nicht verzichten:

1. Jeder Teilnehmer hat die Möglichkeit zu erzählen, warum er sein mitgebrachtes Teil in der Adventszeit für unentbehrlich hält. Das Erzählen könnte in der Teepause stattfinden.
2. Eine kleine weihnachtliche Geschichte, z. B. „Der kleine Straßenkehrer".
3. Eine Andacht

Geschichte:

Der kleine Straßenkehrer und das Engelshaar

Schnee war in der Nacht gefallen, dann hatte es gefroren. Der kleine Straßenkehrer zog sich wärmer an als sonst: Mit einer roten Pudelmütze, einem langen Wollschal und dicken roten Handschuhen. Leider hatten die Motten große Löcher hineingefressen; so schauten an beiden Händen der Daumen und der Zeigefinger heraus, und an der linken Hand auch noch der kleine Finger. Traurig betrachtete der kleine Straßenkehrer die nackten Finger, während er zur Winterstraße ging.

Heute brauchte er noch keine Schneeschaufel, aber wenn es weiter schneite, würde er mit dem Besen allein nicht mehr auskommen. Während er so die Straße kehrte, sah er auf einmal etwas im Schnee glitzern, etwas Silbernes. Zwar leuchtete der Schnee in den ersten Sonnenstrahlen auch wie Silber, aber dieses Etwas glitzerte noch viel heller. Es war ein langer, silberner Faden, den der kleine Straßenkehrer aufhob. „Engelshaar", sagt er andächtig, „das Haar von einem Engel." Und er wickelte das schimmernde Haar um seinen Zeigefinger, der am meisten fror.

Das Engelshaar sah wunderhübsch aus — und es wärmte! Nicht nur der Zeigefinger wurde warm, sondern die ganze linke Hand. „Guten Morgen, kleiner Straßenkehrer", rief Fräulein Wunderlich, vor deren Garten er das Engelshaar gefunden hatte. Sie war zu ihrem Vogelhäuschen gegangen, um den Meisen und Spatzen Futter zu bringen. „Was hast du da Hübsches am Finger?" „Engelshaar", sagte der kleine Straßenkehrer stolz. „Jetzt macht es mir überhaupt nichts mehr aus, daß meine Handschuhe Löcher haben." Fräulein Wunderlich lächelte ihm freundlich zu. Dann ging sie in das Haus zurück, holte Wolle und fünf Stricknadeln aus der Schublade und fing an, dem kleinen Straßenkehrer neue Handschuhe zu stricken. Sicher hat das der Engel so gemeint, dachte sie, als er sein Haar gerade vor meinem Garten ablegte. Inzwischen kehrte der kleine Straßenkehrer weiter die Winterstraße. Ab und zu blieb er stehen und betrachtete glücklich seinen linken Zeigefinger. Da kam die alte Zeitungsfrau vorbei. Sie trug ihre Hände in die Schürze gewickelt, weil sie ihre Handschuhe verloren hatte. „Frierst du?" fragte der kleine Straßenkehrer. Die alte Zeitungsfrau nickte. Der kleine Straßenkehrer zögerte einen Augenblick, dann löste er das Engelshaar von seinem linken Zeigefinger und gab es der Zeitungsfrau. „Du mußt es um eine Hand wickeln", sagte er, „dann frierst du nicht mehr." Und merkwürdig! Nicht nur die Hände der alten Zeitungsfrau wurden warm – auch die des kleinen Straßenkehrers blieben es, ja, sie wurden sogar wärmer, als sie es gewesen waren.

Susanne Wenk

Andacht:

Verkündigung an die Hirten. Lukas 2,8–10

Das erste Wunder: Gott kommt auf diese Welt. Das war schon geschehen.

Nun passiert das zweite Wunder. Es ist Nacht. Besonders dunkel und drohend ist der Himmel über der Stadt, die durch ihre dicht gedrängte Bauweise auffällt. Es ist nicht zugelassen, daß ein einzelner „aus der Reihe tanzt". Auch das Feld, der Arbeitsplatz der Hirten, liegt im Schatten der Nacht. Plötzlich wird es von oben licht durch die Erscheinung des Engels. Die Helligkeit ist so groß, daß sie bis hinab zu den Hirten reicht. Ihre Furcht, ihr Erschrecken zeigt sich in den erhobenen Händen. Der Engel weißt sie darauf hin: „Aufgepaßt! Ich verkünde euch jetzt das Wichtigste, das es überhaupt gibt: Jesus Christus, euer Heiland, ist geboren!" Und er zeigt nicht etwa auf die Stadt, wo die festen Häuser sind, wo die vielen Menschen wohnen, wo das Leben pulsiert. Der Engel weist auf die kleine Hütte weit draußen, abgelegen vom Lärm der Menschen. Hier ist das Heil zu finden. Sogar die Schafe scheinen dieser Botschaft zuzuhören. Auch sie warten auf Gottes Zeit (Römer 8,19). Wie ein leuchtender Stern fällt diese Botschaft auf die dunkle Erde.

Und da geschieht das dritte Wunder: Die erschrockene, vielleicht zur Abwehr erhobene Hand des Hirten öffnet sich, und der Stern, das helle Gotteslicht, fällt hinein!

So ist es auch in heutiger Zeit: Die meisten Menschen merken nichts von dem großen Gottesgeschenk der Weihnacht. Die Welt ist laut und bunt, es gibt viel Abwechslung. Wer hört noch auf die alte Geschichte des Gottes, der sich seiner Menschen erbarmen will. Aber: Weihnachten kommt. Gottes Heil geschieht, ob es jemand wahrnimmt oder nicht. Weihnachten kommt, der Engel kündet aufs neue die Botschaft von der Liebe Gottes. Die aber, die innehalten und sich aufmachen nach Bethlehem, die werden den Stern sehen, der auch in ihre Hand fallen kann.

35. Das Kind in der Krippe

Lukas 17,21

Einleitung:

Erzählung:

In einem kleinen Dorf ist es seit Jahrhunderten Sitte, daß zur Adventszeit im Chorraum der Kirche eine Krippe mit vielen, gar nicht so kleinen Figuren aufgebaut wird. Das ganze Dorf hilft dabei mit. Viele Touristen kommen, die die außergewöhnliche Krippe sehen wollen.

In der Kirche gab es einen Jungen, einen Ministranten, dem plötzlich auffiel, daß das Christkind in der Krippe viel kleiner war als die anderen Figuren, die sehr zahlreich um die Krippe standen. Man konnte das Kind von den meisten Plätzen aus gar nicht sehen. Der Junge dachte: Das kann nicht sein. Es ist doch die Hauptsache an Weihnachten. Ihm gehört der beste Platz in der Kirche. So ging er zur Krippe, holte das Kind heraus und wollte es auf den Altar legen. Aber, o Schreck, gerade in dem Moment ging die Kirchentür auf. Eine alte Frau kam herein, um zu beten. Es dauerte lange, unser Junge stand ganz still. Als sie endlich ging, betrat der Pfarrer die Kirche. Da ließ der Junge vor Schreck die kleine Figur in seiner Tasche verschwinden und verließ die Kirche. Dabei hatte er eigentlich nichts Böses gewollt. Er wollte nur dem Christkind zu einem angemessenen Platz verhelfen. Immer wieder versuchte er in den nächsten Tagen, allein in der Kirche zu sein und sein Vorhaben auszuführen. Es gelang nicht. Er wurde immer nervöser und verzagter. Am Heiligen Abend hatte er sogar Schüttelfrost und konnte nicht mit zur Christmette gehen. So lag er mit der Christkind-Figur im Bett und hatte die schlimmsten Alpträume wegen der leeren Krippe in der Kirche. Nach dem Gottesdienst brachte die Mutter, die sich große Sorgen um den Jungen machte, den Pfarrer mit. Er setzte sich an das Bett des weinenden Jungen, der rief: „Habt ihr es schon gemerkt?" „Was meinst du?" fragte der Pfarrer. „Daß das Christkind gefehlt hat." Die Mutter meinte, das Kind spräche im Fieber.

Aber der Junge zog die Figur unter der Decke hervor und schrie fast: „Und ihr habt es nicht einmal gemerkt. Ihr habt Weihnachten ohne das Christkind gefeiert." Es dauerte eine Weile, bis man die Zusammenhänge begriffen hatte. Im nächsten Jahr wurde die kleine Krippe gegen eine große und gut sichtbare Krippe ausgetauscht.

Gespräch:

In einer Reportage fiel der Satz: Weihnachten ist die größte Konsum-Fete der Welt.
An welchen Verhaltensweisen bestätigen sich diese Aussagen?
Aus dem ersten, so armseligen Weihnachtsfest in Krippe und Stall ist im Laufe der Jahre ein Fest geworden mit so viel Drumherum, daß der eigentliche Grund, eben das Kind in der Krippe, kaum noch zu sehen ist. Jede Familie, jedes Volk hat eine eigene Tradition, ein eigenes Brauchtum um dieses Fest entwickelt.
Welche Weihnachtsbräuche gibt es in Deutschland?
Welche Weihnachtsbräuche gibt es in anderen Ländern der Welt?
Woran kann man erkennen, daß das Kind in der Krippe fehlt?
Was könnte man vorschlagen, damit das Kind wieder in die Krippe kommt?

Andacht:

Das Reich Gottes ist mitten unter euch. Lukas 17,21
Euch ist heute der Heiland geboren. Lukas 2,11.12

Bildmeditation:

H. G. Anniès, Zwei beten an (s. S. 160)

Ein seltsames Weihnachtsbild. Jeder von uns ist darauf zu sehen, so viele Füße, mit und ohne Schuhe gehen hier an der Krippe vorbei. Sie gehören jungen Menschen, alten Menschen, Kindern, Erwachsenen, Reichen und Armen. Eines haben alle gemeinsam, auch mit uns heute: Alle haben es eilig zu Weihnachten. Man spürt die Hektik, mit der sie im Kreis laufen. Nur ein oder zwei sind stehengeblieben und verweilen bei dem Christuskind, dem Geschenk Gottes. Eigentlich ist das Kind ja die Hauptsache an Weihnachten. Ohne es gäbe es dieses Fest gar nicht. Aber an diesem wichtigen Ereignis eilen die Menschen vorbei. Sie können von ihrem Platz aus das Kind in der Krippe gar nicht sehen. Sie merken darum auch nicht, daß die Krippe bei ihnen leer ist. Ist darum ihr Weg ein Kreisweg? Aber, ist es wirklich nur ein Weihnachtsbild? Kann man nicht schon das Kreuz ahnen, die Nägelmale sehen in den ausgebreiteten Armen Jesu? Und wird die Krippe nicht auch zum Eingang des leeren Grabes, aus dem Christus siegreich hervortritt? Ja, mit der Krippe beginnt der Leidensweg Jesu und zugleich der Weg Gottes zu unserer Erlösung. Es wäre schön, wenn wir uns in diesem Jahr endlich die Zeit nehmen würden, um an der Krippe stehenzubleiben und von Herzen zu sprechen:

„Zu Bethlehem geboren ist uns ein Kindelein,
das hab ich auserkoren, sein eigen will ich sein.
In seine Lieb versenken will ich mich ganz hinab,
mein Herz will ich ihm schenken und alles, was ich hab."

36. F(f)este feiern

Lukas 14,15–24

Vorbereitung:

Jeder Teilnehmer benötigt ein quadratisches Blatt Papier, einen Stift und einen kleinen Aufkleber, der zum jeweiligen Fest paßt.

Gespräch:

Warum wird ein Fest gefeiert?

Meistens will man Glück und Freude, auch Dankbarkeit mit anderen teilen. Dazu gibt es viele Anlässe: Jubiläen, Geburtstag, Hochzeit, bestandenes Examen, Wiedersehen, eine neue Wohnung.

Es gibt auch Festtage, die man einfach mitfeiert oder miterlebt, weil sie nun einmal im Kalender stehen: Ostern, Pfingsten, Reformation usw.

Von allen Geschöpfen, die Gott geschaffen hat, ist der Mensch das einzige Wesen, das Feste feiern kann.

Was macht einen Tag zum Fest?

Die Einladung, ein geschmückter Raum oder Tisch, festliche Kleidung und Essen, Musik. Etwas gemeinsam tun: tanzen, singen, reden, spielen usw. Ein Fest hat einen Anfang und sollte auch ein Ende haben.

Daß man etwas miteinander erlebt, ist das wichtigste. Dabei stellt man sich auf andere ein, hört einander zu, lernt den anderen verstehen und kennen. Darum ist ein Fest gelungen, wenn jeder sich irgendwie einbringen kann.

Heute wird vieles vorprogrammiert und organisiert. Feste werden komplett geliefert mit Geschirr, Bestuhlung, Essen und Trinken und mit Unterhaltung. Die Gäste sind dabei nur Zuschauer. Solche Feste sind arme Feste. Die eigene Initiative, die persönliche Note fehlt, auch der Spaß an der Arbeit und die Vorfreude.

Feste in einer Gruppe sollten immer auch gemeinsame Feste sein. Jeder sollte etwas dazu beitragen. Das Zusammengehörigkeitsgefühl, daß trotz aller negativen Auslegung unentbehrlich ist, wird gestärkt. Wenn man selbst etwas dazu beiträgt, dann gehört man auch wirklich dazu.

Ein Jahr ohne Feste ist wie ein langer Weg ohne Rast.

Kreativangebot:

Jeder Teilnehmer schreibt seinem rechten Nachbarn oder seinem Gegenüber eine Einladung. Diese sollte neben dem Anlaß auch etwas darüber aussagen, warum gerade er dabeisein soll. Entweder formuliert jeder die Einladung selbst, oder man kopiert einen Vordruck und füllt ihn nur aus. Dafür müssen einige Minuten eingeplant werden. Anschließend faltet man den Zettel mit den Ecken zur Mitte hin wie einen Brief und verschließt ihn mit dem Aufkleber. Später (evtl. am Ende der Stunde) überreicht man den Zettel.

Grund zur Einladung könnte sein:

— weil ich möchte, daß Sie neben mir sitzen
— damit ich Sie besser kennenlerne
— damit Sie nicht allein sind
— damit wir miteinander fröhlich sind
— damit wir miteinander reden

Vordruck:

Zu unserem nächsten Treffen, einem ____________________ Fest,

lade ich Sie, lieber Nachbar, liebe Nachbarin, herzlich ein, weil ich möchte, daß

____.

Andacht:

Das große Abendmahl. Lukas 14,15–24

Gleichnisse sind Geschichten, die die Wahrheiten Gottes veranschaulichen und die wir darum sehr gut verstehen können.

Lukas spricht von einer königlichen Hochzeit, die dem Sohn ausgerichtet wird. Dazu werden viele Gäste eingeladen. Einem großen Fest beiwohnen zu dürfen, das ist der Traum vieler Menschen. Einmal miterleben, wie die Großen feiern, das ist doch was! Eingeladen sein, während andere keine Einladung bekommen haben, das hebt das Selbstwertgefühl enorm. Aber: Eine Einladung braucht man eben.

Da die Einladung vermutlich schon vor längerer Zeit ausgesprochen worden war, fand der Gastgeber es gut, noch einmal daran zu erinnern: „Ihr habt es doch nicht vergessen? Jetzt ist es soweit! Alles ist vorbereitet, das Fest beginnt!" Heute erspart man sich diese Mühe. Wozu hat denn jeder einen Terminkalender? Da kann man sich alle wichtigen Daten eintragen, die man nicht vergessen will. Und wer holt schon seine Gäste ab? Das tut man nur bei alten, sehr seltenen oder von weit her kommenden Gästen. Dieser Veranstalter tut es, es liegt ihm daran, daß niemand sein Fest verpaßt.

Und nun passiert etwas völlig Unverständliches: Die Geladenen haben etwas anderes vor. War ihnen die Einladung nicht wichtig genug? Haben sie sie nicht ernst genommen? Oder sagen sie: Geschäft, Beruf, Familie, das sind die Dinge, die Priorität haben, vielleicht komme ich später nach. Alles zu seiner Zeit. Heute ist gerade etwas anderes dran. Das scheint sogar vernünftig.

Und sie entschuldigen sich. Erstaunlich, daß sie das tun. Sie suchen nicht nach einer Ausrede. Es gibt ja eine Menge allgemeine, nicht ernstgemeinte Ausreden: Ich habe keine Zeit. Ich habe Kopfschmerzen. Ich bekomme selbst Besuch.

Ob die Gründe der Ablehnung in unserem Gleichnis so genau stimmen, ist sicher sehr fraglich. Wer kauft schon ein Grundstück oder fünf Gespanne, ohne sie vorher gesehen zu haben? Hätte der dritte nicht ebensogut sagen können: Ich habe gerade geheiratet, aber meine Frau und ich, wir möchten gerne beide kommen?

Der Knecht berichtet seinem Herrn und enthält sich jeglichen Kommentars. Wie oft spielt einer den Richter, wenn Menschen, die er zu Jesus eingeladen hat, nicht kommen. Wir urteilen und verurteilen, wir nehmen das als persönliche Beleidigung und ziehen unsere Konsequenzen. Das tut Gott allerdings auch: Er schickt seinen Knecht auf die Straßen, damit er die Verachteten, die Außenseiter, die Verschuldeten und Behinderten hereinhole, und das schnell. Das Fest fällt nämlich nicht aus, es wird auch nicht verschoben, wie man das manchmal tut, weil man bestimmte Leute unbedingt dabei haben will. Hier wird nichts am Festplan geändert.

Es hat geklappt. Diese Leute folgen der Einladung. Vielleicht sind sie noch nie Gast gewesen, man hat sie bisher den Abstand spüren lassen. Man kann sich die Verwunderung über solch eine tolle Einladung vorstellen und im Geiste sehen, wie sie hineindrängen. Und trotzdem: Es ist noch Platz.

Ein letztes Mal wird der Knecht an die „Zäune" geschickt, um die Menschen „zu nötigen" hereinzukommen. Wenn man Gottes Wort weitersagt, tut man das auch mit so viel Engagement? Ist es Herzenssache, daß das Haus voll wird? Ober gibt man sich mit dem zufrieden, daß man selbst eingeladen ist?

Da ist sie wieder, die ernste Mahnung der Bibel: Es gibt ein „zu spät". Es ist erstaunlich, wie häufig das Wort „heute" in der Schrift vorkommt, wenn es um die Entscheidung für Jesus geht. Zu Zachäus sagt der Herr: Ich muß heute in deinem Haus einkehren. Oder: Heute, so ihr seine Stimme hört, verstocket euer Herz nicht. Oder: Jetzt ist der Tag des Heils.

Zum Nachdenken:

Wie oft habe ich die Antwort auf Gottes Einladung schon verschoben?

Was erscheint mir wichtiger, als endlich zu ihm zu kommen?

Lade ich so geduldig ein wie dieser Knecht, oder bin ich müde geworden?

37. Der Frühling ist da

Psalm 96

Vorbereitung:

Jeder Teilnehmer erhält eine Tischkarte in Blumenformen. Auf dem Tischen stehen Vasen mit jeweils einer anderen Blume. Am Eingang sucht sich jeder eine Tischkarte aus. Es gibt genügend für jeden Tisch. Jeder sucht sich seinen Platz am „Blumentisch". Sofern es nur einen Tisch gibt, klebt man bunte Farbpunkte auf die Tellerränder. Jeder sucht sich seinen Platz nach der entsprechenden Farbe, die er am Eingang erhalten hat. Der Raum sollte dem Thema entsprechend geschmückt sein, z. B. mit bunten Papiergirlanden oder Frühlingsbildern, die an Fenstern und Wänden kleben. Zum Essen wird Knäckebrot oder Schwarzbrot mit Frühlingsquark vorbereitet.

Jeder Teilnehmer benötigt Papier und einen Stift.

Einleitung:

Wer kann ein Frühlingsgedicht oder -lied vortragen?

Kreativangebot:

Ein bunter Blumenstrauß mit vielen verschiedenen Blumen steht auf dem Tisch. Danach zeigt man Bilder mit verschiedenen Blumen (z. B. aus einem Apothekenkalender). Jeder schreibt auf seinen Zettel die Namen der Blumen. Für jede richtige Benennung gibt es einen Punkt. Wer die meisten Punkte sammeln konnte, bekommt den Blumenstrauß.

Gespräch:

Stellt euch vor, eine Fee käme auf euch zu. Sie erklärt, daß sie euch alle in eine Pflanze verzaubern müsse. Jeder Teilnehmer darf sich aussuchen, in welche. Jeder erzählt, warum er gerade diese Blume gewählt hat. (Dabei kann man die Gruppe sehr gut kennenlernen.)

Einleitung:

Im Heiligen Land gibt es besonders im Frühling Blumen in großer Fülle. In der Bibel werden Blumen relativ selten erwähnt. Es gibt aber viele Bibelstellen, die die Herrlichkeit der Schöpfung beschreiben:

Jesaja 35,1: Die Steppe wird blühen wie die Lilien ...

Matthäus 6,28: Sehet die Lilien auf dem Felde ...

Meistens werden Blumen und Gras wegen ihrer Vergänglichkeit erwähnt:

Psalm 90,6: Gras, das morgens blüht und abends welkt

Psalm 103,15: Der Mensch ist wie eine Blume auf dem Felde, wenn der Wind darüber geht, ist sie nimmer da

1. Petrus 1,25: Das Gras verdorrt, die Blume ist abgefallen, aber des Herrn Wort bleibt

Andacht:

Singet dem Herrn ein neues Lied. Psalm 96

Der Psalm hat 13 Verse, 12 davon fordern auf verschiedenste Weise zum Lob Gottes auf.

1. Wer ist zum Loben aufgefordert?
- das Volk Gottes (Vers 3.10)
- die ganze Schöpfung (Vers 11.12)

2. Wie soll das Lob aussehen?
- singen, loben, erzählen, verkündigen (Vers 1-3)
- opfert ihm, geht zu ihm, betet an, fürchtet ihn, missioniert (Vers 7–10)

3. Welchen Grund gibt es für das Lob?
- Seine Herrlichkeit und seine Wunder (Vers 3).
- Seine Pracht, Macht, Gerechtigkeit, Wahrheit. Er ist der absolute Herr, er ist Majestät (Vers 5.6.13).
- Er ist König, Richter und Vater (Vers 10).
- Er ist der Kommende. Er schafft Recht. Dabei bestraft er nicht zuallererst die Schuldigen, sondern tritt ein für Recht und Treue. Richten = regieren, Wahrheit = Zuverlässigkeit (Vers 13)

Persönliche Stille:

Was könnte ich Gott als Geschenk bringen? Wovon erzähle ich meinen Freunden, meiner Familie, wenn ich von Gott berichte? Wieviel davon ist positiv? Wieviel ist negativ? Welche Gründe des Psalms kann ich für mich persönlich übernehmen?

38. Wieder ein Jahr älter

1. Mose 12,1.2

Vorbereitung:

Jeder Teilnehmer bringt für den Geburtstagskaffee etwas mit. Die Kuchen werden auf verschiedene Platten verteilt, so daß es „bunte" Kuchenteller gibt.

Benötigt werden einige Mappen mit bunten Punkten (Zweckform). Außerdem erhält jeder Teilnehmer eine leere Briefkarte und einen Stift. Die Briefkarten werden halbiert. Es entstehen aus jeder Karte zwei kleine Karten. Diese werden einmal gefaltet, jetzt können sie stehen. Dann werden Schokoladen-Geldstücke auf jede Karte geklebt. Danach schreibt man, als Geldbetrag, das Geburtsdatum der einzelnen Gäste auf die Tischkarten, z. B. 11. März = 1,13 DM oder 4. Dezember = 4,12 DM.

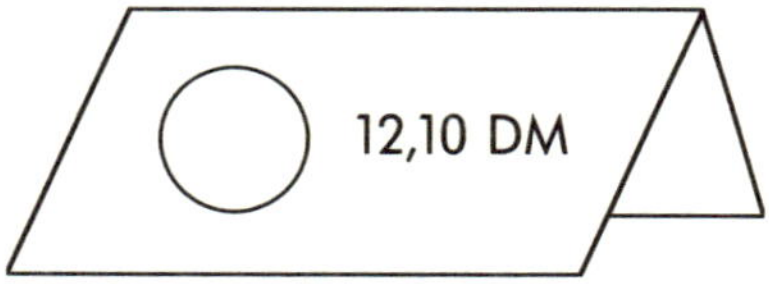

Einleitung:

Welche Sprüche werden auf Geburtstagskarten verwendet?

Gespräch:

Ein unvergeßlicher Geburtstag, mein schönstes Geburtstagsgeschenk – wer kann dazu etwas erzählen? Was sagt man sich, wenn man zum Geburtstag gratuliert?

Kreativangebot:

Karten, Punkte und Stifte werden ausgeteilt. Jeder soll die Punkte (mindestens 2 Stück) als Grundlage für ein Minibild verwenden (siehe folgende Beispiele). Außerdem schreibt jeder auf die Karte, was er sich persönlich wünscht. Wenn jeder fertig ist, schenkt er diese Karte seinem rechten Nachbarn. Vielleicht kann der diesen Wunsch gerade gut gebrauchen.

Andacht:

Gott sprach zu Abraham: Ich will dich segnen, und du sollst ein Segen sein! 1. Mose 12,1.2

Voraussetzung des Segens
Eine unangenehme Aufforderung geht dieser Verheißung voraus: Abraham soll alles verlassen, Vaterhaus, Freunde, Heimat, und in ein fremdes Land ziehen, dessen Namen er nicht einmal kennt. Eine unmögliche Zumutung!? Vielleicht birgt das „Land, das ich dir

zeigen will" eine kleine Sicherheit! Aber nur auf diesem Wege gibt es die doppelte Segensverheißung:

Wer es mit diesem Gott wagt, hat nicht nur ein neues Ziel, er wird gesegnet sein und soll selbst zum Segen werden!

Segen

Segen — darunter versteht man Glück, Fülle, Fruchtbarkeit, Frieden. (Hier könnte man auf das Gespräch über Wünsche eingehen.) Eigentlich hängt der Segen aber mit dem Wort „signare" — zeichnen zusammen. Für Christen heißt das, mit dem Kreuz Jesu gezeichnet werden, z. B. bei der Taufe, Abendmahl. Auch Menschen signieren, zeichnen ihr Eigentum, z. B. ein Buch. Der Bauer zeichnet seine Tiere mit einem Stempel. Wer sich unter Gottes Segen stellt, z. B. im Gottesdienst, der gibt zu erkennen, daß Gott ihn mit seinem ganzen Leben in Anspruch nimmt. Er ist ein von Gott Gezeichneter, sein Eigentum.

Segnen

Christen können andere segnen, d. h., ihnen Gottes Segen, seine Vergebung und Gnade im Namen Jesu zusprechen. Das wird viel zu wenig praktiziert, Gottes Segen auch in der Stille, im Gebet, für andere zu erflehen, für Kinder und Eltern, für Freunde, Nachbarn und Feinde. Es wird nicht umsonst sein. Segnen heißt: Die Hand auf jemand legen und sagen: Du gehörst trotz allem zu Gott! Wer den anderen segnet, gibt einen abgeleiteten Segen weiter.

Jesus hat es so formuliert: Komm und folge mir nach! Dann kann man in seinem Namen den Segen an andere weitergeben.

39. Gut behütet

Psalm 121

Vorbereitung:

Jeder Teilnehmer benötigt einen Zettel und einen Stift. Als Raumschmuck kann man Hüte und andere Kopfbedeckungen an die Wände und Schränke hängen, besonders originell sind uralte Hüte. Es werden Tischkarten aus Deckeln und Verschlüssen von Tuben, Gläsern und Flaschen gebastelt. Diese klebt man auf eine runde Pappscheibe.

Einleitung:

Am Eingang liegen in einem Korb alle zugehörigen leeren Behälter. Jeder sucht sich eine Tube, Flasche usw. aus und setzt sich an den Platz, an dem der passende Verschluß liegt. Anstelle von Tischkarten kann man einige dieser „Hüte“ auch als Tischschmuck verwenden. Vor dem Fest bekommen die Teilnehmer die Aufgabe, aus einem vorhandenen Hut, einer Mütze oder Kappe ein neues Modell herzustellen, sozusagen ein Unikat. Das kann geschehen durch eine zusätzliche Blume aus Papier, einen Schleier usw. Der Phantasie sind keine Grenzen gesetzt.

Kreativangebot:

1. Die Hutvorstellung

Der Moderator sollte spontan mit Humor und Phantasie an jeder Kopfbedeckung etwas „Besonderes“ entdecken. Wortreich und positiv muß jeder Hut beurteilt werden. Es macht viel Spaß, jeder kommt an die Reihe und wird von allen gebührend wahrgenommen. Mancher Hut hat eine Geschichte, es hängt eine Erinnerung an ihm, diese könnte dabei erzählt werden. Auf diese Weise wurden schon manche Schätze entdeckt.

2. Lied mit Löchern

Lied: „Mein Hut, der hat drei Ecken, drei Ecken hat mein Hut. Und hätt er nicht drei Ecken, dann wär es nicht mein Hut."

Bei jeder Wiederholung wird ein Wort weggelassen und ersetzt durch eine Handbewegung, z. B.

das Wort „Hut" – Bewegung des Hutabnehmens

das Wort „drei" – drei Finger hochhalten

das Wort „mein" – an die Brust schlagen

das Wort „Ecke" – in eine Ecke zeigen

Das betreffende Wort darf nicht ausgesprochen, sondern nur gezeigt werden. Wer es trotzdem singt, muß ausscheiden. Zum Singen stehen alle auf. Wer ausscheiden muß, setzt sich. Gewonnen hat, wer bis zuletzt „standhaft" bleibt.

Gespräch:

Wozu ist ein Hut eigentlich gut?

– Statussymbol
– für die Schönheit
– zum Schutz, zum Verdecken
– Ergänzung einer Tracht

Es gibt verschiedene Kopfbedeckungen für verschiedene Zwecke, z. B. Hut, Mütze, Helm, Kappe, Tuch, Zylinder.

Welche Wortspielereien bzw. geflügelte Worte gibt es zum Hut?

– In guter Hut sein – Obhut
– Das geht mir über die Hutschnur
– Sich vor jemandem hüten
– Ich werde mich hüten, dies und das zu tun

Andacht:

121. Psalm

Der Psalm ist ein Gespräch zwischen Pilger und Priester. Überschrieben ist er mit „Wallfahrtslied".

Vers 1: Jemand ist auf Wanderschaft. Er hat ein bestimmtes Ziel. Er muß darauf achten, daß er auf dem richtigen Weg bleibt. Er fragt sich, woher Hilfe und Orientierung kommen kann.

Vers 2: Er gibt sich selbst die Antwort. Er rekapituliert gewissermaßen seine bisherigen Erfahrungen: Hilfe kam bisher immer noch von Gott. Wohl kann er dazu Menschen und Umstände gebrauchen, aber der Herr des Himmels und der Erde lenkt alles.

Vers 3: Hier beginnt die Antwort. Dem Pilger wird auf seiner Reise Gottes Schutz zugesagt. Der Weg ist nicht ungefährlich. Er ist nicht eben. Man kann ausrutschen und fallen, abgleiten und sich auf einem falschen Weg wiederfinden.

Vers 4: Aber der Herr paßt auf, Tag und Nacht, an hellen und an dunklen Tagen, auf grüner Weide und im finsteren Tal. Gott interessiert sich für den Weg des einzelnen.

Vers 5.6: Besonders gefährlich waren im Orient die sengenden Sonnenstrahlen, die unbarmherzig niederbrannten, vor denen man sich kaum schützen konnte. Der Mond galt als unheimlich, weil man ihm den Grund für manche Krankheit zuschob, z. B. Wechselfieber, Blindheit. Wer einen richtigen Sonnenmarsch hinter sich hatte, der wußte, wie wohltuend und erquickend, ja lebensrettend ein Schattenplatz sein kann.

Vers 7.8: Ausgang und Eingang, das kann sowohl Aufbruch und Heimkehr wie Abschied und Wiedersehen sein. Es ist tröstlich und mutmachend, mit einem Segenswunsch bedacht zu werden: Der Herr segne und behüte dich.

Erzählung:

Als unsere Enkelkinder noch klein waren, wohnten sie einige Zeit bei uns im Haus. Nadine kam zur Schule. Jeden Morgen verabschiedete ich sie mit einem Kuß und dem Wunsch: „Behüt dich Gott, mein Kind!" Einmal kam ihre Mutter zu Besuch. Ich hörte Nadine sagen: „Mutti, schlaf doch auch mal hier! Dann sagt Großmutti auch zu dir, wenn du gehst: Gott behüte dich! Und das ist so schön."

Der 121. Psalm (übertragen vom Seniorenkreis St. Gabriel 1981)

Ich richte mein Denken.
zum Allerhöchsten hin aus
und bitte um seine Gnade.
Meine Seele ist im Schatten, im Tal,
und ich sehne mich
nach Sonne, die nie untergeht.
Darum schaue ich nach oben,
von dort wird mir Trost kommen.
Gott wird dafür sorgen,
daß du nicht fällst und dir wehtust.
Er ist bei dir Tag und Nacht
und auf allen Wegen.
Der Herr behütet dich,
seine Augen wachen über dir.
Er läßt sein Licht für dich leuchten,
daß es dir ein Segen sei,
und seine Nachtgestirne,
daß sie deine Träume froh machen.
Gott wende Böses von dir ab,
er gebe der Welt Frieden.
Dafür will ich immer dankbar sein.
Gott schenke dir Gelingen in deinem Leben
und ein sicheres Heimkommen in sein Reich.

40. Wir machen Musik

Psalm 13,6

Vorbereitung:

Der Raum wird mit großen Noten aus buntem Papier oder aus Zeitungen geschmückt. Man kann sie auch an einer Wäscheleine aufhängen. Für jeden Platz gibt es ebenfalls eine Note. Man schneidet sie aus verschiedenfarbigem Papier aus. Jeder nimmt sich am Eingang eine Note und sucht sich den Platz, an dem eine Note in dieser Farbe liegt. Für das Essen wird Saft oder Sangria, Gebäck oder Pizza vorbereitet.

Zum Fest bringt jeder Teilnehmer ein Musikinstrument mit. Bedingung: Es muß ein Gegenstand aus dem täglichen Leben sein, z. B. Eierschneider, Kamm, Topfdeckel, Schlüsselbund, Bleistifte zum Klopfen usw.

Einleitung:

Die Instrumente werden vorgestellt. Jeder „musiziert" mit seinem mitgebrachten Instrument. Vielleicht fallen dem Teilnehmer Titel für die Stücke ein.

Kreativangebot:

Orchesterprobe:

In der Orchestermusik muß man sich genau nach dem Dirigenten richten: laut und leise, staccato oder sehr schnell ...

Geschichte mit Musik:

Wir erfinden eine Geschichte mit bestimmten Worten, die immer wieder vorkommen. Bei diesen werden die einzelnen Instrumente gespielt.

Es spielen bei:
WETTER — alle zusammen,
SONNE — helle Töne,
REGEN — klopfen,
DONNER — dumpfe Töne,
BLITZ — greller Ton,
NEBEL — die übrigen

Beispielgeschichte:

„Bei dem schönen WETTER wollen wir endlich unsere Reise ins SONNEnland antreten", beschlossen zwei Ameisen und wanderten los. Vorsichtshalber hatte aber die eine einen REGENschirm mitgenommen, man kann ja nie wissen. Aber das WETTER schien beständig, der FrühNEBEL hatte sich verzogen, und die SONNE heizte ihnen ordentlich ein. Doch im April ist kein WETTER von Dauer. Urplötzlich zogen Wolken daher, ein erster DONNER ließ sich hören, und es begann zu REGNEN. Der REGEN wurde heftiger, und unsere zwei Wanderameisen stellten sich unter ein großes Rhabarberblatt am Gartentor. Das war gut: ein greller BLITZ zuckte herab, gefolgt von DONNER und REGEN wie aus Kübeln. Die SONNE hatte sich verkrochen, ja der REGEN war wie ein nasser NEBELschleier, nichts war mehr zu erkennen. Immer wieder wechselten sich BLITZ und DONNER miteinander ab. Sprach die ältere Ameise: „Das kann noch lange dauern mit dem SONNE. Bei dem WETTER laß uns die Reise ins SONNEnland verschieben. Außerdem tun mir schon die Beine weh vom Gehen und Stehen bei diesem WETTER." Und so verzichteten sie weise auf den kleinen Rest der Reise.

Liederraten:

Original-Lied nicht verraten, es wird der falsche Text gesungen. Wer kann sofort den richtigen Text weitersingen?

Hänschen klein
— Schnee ist weiß, kalt das Eis, doch uns allen wird ganz heiß
Stock und Hut steht ihm gut

Auf der Lüneburger Heide
— In der Schule gibt es Schüler, die waren dumm und faul, besonders in der Kieler
allerlei am Weg ich fand

Im schönsten Wiesengrunde
— Der Kaffee schmeckte heute, er war so rund und schwarz
dort zog ich manche Stunde

Am Brunnen vor dem Tore
— Hast du heut schon gegessen? Du siehst so hungrig aus
ich träumt in seinem Schatten

Ein Männlein steht im Walde
— Wir wollen heute lachen und fröhlich sein
das hat aus lauter Purpur

Lustig ist das Zigeunerleben
— Kennst du das Land, wo Zitronen blühen, ich weiß es leider nicht
brauchen wir dem Kaiser kein Zins

Kein schöner Land
— Wir wollen eine Familie sein
als hier das unsre weit und breit

Fuchs, du hast
— viele kleine Sonnenstrahlen, lachen mir ins Herz
gib sie wieder her

Geh aus mein Herz
— ach, guck doch mal die Blume an, wie die so herrlich
Sommerzeit an deines Gottes Gaben

Nun ade zur
— Jetzt hören wir hiermit auf und fangen was neues an
da ich muß scheiden

Biblischer Bezug:

Musik und Gesang ziehen sich durch die ganze Bibel, sowohl im Alten wie im Neuen Testament. Besonders in den Psalmen wird immer wieder vom Singen, Spielen und Tanzen berichtet.

2. Mose 15,1 ff.: Nach dem Durchzug durch das Schilfmeer sangen Mose und das ganze Volk.

Josua 6,4: Jericho fällt mit Hilfe von Posaunen.

1. Samuel 16,16: David kommt in des Königs Haus, um Saul mit seinem Saitenspiel aus seinen Depressionen zu helfen.

1. Samuel 18: Die Frauen singen und tanzen zum Empfang Davids, der nach gewonnener Schlacht heimkehrt.

1. Chronik 16,7.23: Alle werden aufgefordert, Gott zu singen, weil die Bundeslade endlich ihren Platz gefunden hat.

Nehemia 7,67: Bei den Heimkehrern aus dem Exil waren viele Sänger und Sängerinnen.

Nehemia 12,27: Bei der Einweihung der Stadtmauern von Jerusalem.

Lukas 15,25: Bei der Heimkehr des verlorenen Sohnes.

Offenbarung 5,9: Ein neues Lied in der himmlischen Herrlichkeit.

Andacht:

Ich will dem Herrn singen, daß er so wohl an mir tut. Psalm 13,6

Wenn man diesen Satz hört, hat man das Bild eines zufriedenen Menschen vor sich, der vielleicht im Liegestuhl am Strand die Wellen beobachtet. Oder man denkt an einen Wanderer, der auf einer Bank in der Sonne ausruht. Keine Sorgen um Leib und Leben. Alles, was zum Leben gebraucht wird, ist vorhanden: Nahrung, Kleidung, Freunde, Wohnung, Geld für den Urlaub. Da geht einem das Herz auf: „Danke, lieber Gott, es geht mir gut."

Über dem 13. Psalm steht eine Überschrift: „Hilferuf eines Angefochtenen." Da liest man von Sorgen und Ängsten um die eigene Person, von Menschen, die dem Psalmsänger das Leben schwermachen, und das täglich. Wie das nervt! Viermal breitet er seine Klagen vor Gott aus: Herr, wie lange noch? Hast du mich total vergessen, mein Gott? Ich stehe ganz allein da! Andere haben mich in der Hand. Ich blicke einfach nicht mehr durch!

Diese Melodie ist bekannt. Es ist erlaubt, sie betend vor Gott zu singen: „Es geht doch um dich und deine Ehre, wenn der Feind schadenfroh die Hände reibt und meint, er sei der Mächtigere", daran kann Gott erinnert werden. Da braucht es erleuchtete Augen, neue Lebenskraft, um das Ziel klar im Blick zu behalten. Seine Gegenwart beim Gebet schafft Zuversicht, ja Gewißheit, der zum Jubel wird: „Mein Herz freut sich, daß du so gerne hilfst. Ich kann wieder singen, daß du mir wohltust, (auch wenn sich noch nichts geändert hat)." Wohltun heißt eben nicht, dafür zu sorgen, daß man satt und zufrieden mit sich und der Welt im Liegestuhl ruhen kann. Wohltun kann auch Wehtun sein, wenn man z. B. einem Kind einen Splitter aus dem Finger zieht. Das tut weh, aber man tut ihm wohl. Es könnte sonst eine Entzündung geben. Dem Herrn singen, das hängt nicht nur vom eigenen Befinden und Gefühl ab. Allein die Gewißheit, „ich bin in seiner Hand, was er auch tut, geschieht mir zum Wohle", das läßt fröhlich singen.

Auftrag und Weg

Ideen – Impulse – Informationen für Mitarbeiter in Jugendgruppen und Hauskreisen

Auftrag und Weg bietet
- Gesprächsrunden für thematische Abende
- Entwürfe für Bibelarbeiten aus dem Leseplan der täglichen Bibellese
- Mitarbeiterbibliothek, Informationen

Auftrag und Weg hat je 40 Seiten und erscheint alle zwei Monate

Bezugspreis DM 18,00 pro Jahr (plus Versandkosten)

Bergpredigt

Freizeitprogramm für junge Erwachsene und Hauskreise

Leiterheft
88 S., kartoniert
DM 12,50/öS 100,00/sfr 12,50
Best.-Nr.: 182.103

Freizeitheft
DM 2,80/öS 22,00/sfr 2,80
Best.-Nr.: 182.104

Die Bibel – lesen und leben

Freizeitprogramm für junge Erwachsene und Hauskreise

Die Bibel – aktuell für die Alltagsgestaltung

Leiterheft
96 S., kartoniert
DM 13,80/öS 108,00/sfr 13,80
Best.-Nr.: 182.121

Freizeitheft
DM 3,20/öS 25,00/sfr 3,20
Best.-Nr.: 182.122

BORN-VERLAG KASSEL